土木工程科技创新与发展研究前沿丛书
国家重点研发项目（2016YFC0800208）、国家自然科学基金
(71571078、51708241) 联合资助

盾构隧道施工邻近建筑物安全分析评价与控制管理

吴贤国　张立茂　冯宗宝　陈虹宇　著

中国建筑工业出版社

图书在版编目（CIP）数据

盾构隧道施工邻近建筑物安全分析评价与控制管理 / 吴贤国等著. —北京：中国建筑工业出版社，2020.3
（土木工程科技创新与发展研究前沿丛书）
ISBN 978-7-112-24628-1

Ⅰ.①盾… Ⅱ.①吴… Ⅲ.①隧道施工-盾构法-影响-建筑物-安全管理-研究 Ⅳ.①U455.43

中国版本图书馆 CIP 数据核字（2020）第 016645 号

本书研究地铁盾构施工诱发邻近建筑物变形机理及安全管理，基于有限元仿真进行隧道施工诱发邻近建筑物安全风险机理分析，基于模糊物元理论对隧道施工邻近建筑物进行风险预评价，基于贝叶斯网络的地铁盾构施工邻近建筑物动态安全评价决策，分析隧道施工邻近建筑物风险控制管理与监控预警。在系统分析地铁盾构施工对地表变形及邻近建筑物安全的灾变演化机理的基础上，从建筑物安全管理流程梳理、数值仿真安全机理分析、基于模糊物元的安全预评价、贝叶斯安全动态评价、控制管理与预警等角度，深入研究地铁盾构诱发邻近建筑物安全灾变这一复杂系统的风险分析与评价、推理与决策控制等问题，实现建筑物全过程实时安全预警控制与管理决策。

本书可作为高等学校土木工程及相关专业的本科生和研究生教材，还可供隧道及相关专业工程技术人员参考使用。

责任编辑：聂 伟　吉万旺　王 跃
责任校对：张惠雯

土木工程科技创新与发展研究前沿丛书
盾构隧道施工邻近建筑物安全分析评价与控制管理
吴贤国　张立茂　冯宗宝　陈虹宇　著
*
中国建筑工业出版社出版、发行（北京海淀三里河路9号）
各地新华书店、建筑书店经销
北京鸿文瀚海文化传媒有限公司制版
北京建筑工业印刷厂印刷
*
开本：787×960 毫米　1/16　印张：11¾　字数：244 千字
2020 年 5 月第一版　2020 年 5 月第一次印刷
定价：51.00 元
ISBN 978-7-112-24628-1
(35322)

版权所有　翻印必究
如有印装质量问题，可寄本社退换
（邮政编码 100037）

本书编写委员会名单

著：吴贤国　张立茂　冯宗宝　陈虹宇

编委：王　帆　刘文黎　滕佳颖　刘惠涛
　　　柯俞嘉　陈发达　曾铁梅　熊朝辉
　　　严悌文　荆　武　罗艳明　冯明辉
　　　王彦玉　曹化锦　陈晓阳　侯铁明
　　　王　虎　段军朝　龙华东　吴霁锋
　　　张浩蔚　何　云　刘　洋　秦文威
　　　刘鹏程　王欣怡　陈　彬　王堃宇
　　　王　雷　汤杨屹　田金科　苗青松
　　　汤　超　刘　琼　杨　赛　刘　茜
　　　邓婷婷

前　　言

地铁盾构施工引起周围地层移动，从而诱发地表建筑物变形安全，该过程涉及多源致险因素，且灾变机理复杂。因此，盾构隧道施工邻近建筑物安全分析评价与控制管理已经成为地铁施工建设中非常重要的研究课题，尤其是项目位于建筑物密集的城市中心区域时。本书借鉴国内外相关研究，以盾构法施工的武汉盾构隧道为背景，采用理论研究、数值仿真、基于模糊物元的安全预评价、贝叶斯安全动态评价、数据分析以及与实例相结合的方式，深入探讨了隧道工程（盾构工法）对邻近建筑物的影响，并对因施工可能引发的风险因素和控制措施进行分析，进一步掌握地铁盾构施工诱发邻近筑物变形的灾变演化规律，进行建筑物全过程实时动态安全预警控制与管理决策。

（1）从地铁盾构开挖诱发地表变形、地表变形诱发上部建筑物破坏、建筑物对地表变形的影响规律等方面系统分析隧道施工诱发邻近建筑物的复杂作用机理。比较分析建筑物变形安全的刚性与柔性控制标准的制定方法、内容、优缺点及适用范围。在此基础上提出了一套系统全面的地铁盾构施工邻近建筑物全过程安全管理流程，具体包括施工影响范围确定、建筑物环境调查、建筑物安全分析与评价、建筑物安全管理措施四个步骤，并针对不同风险等级的邻近建筑物，提出了相应的安全保护与应对控制措施。针对具体案例进行研究，进行了隧道工程沿线建筑物现状与健康分析，根据工程具体情况提出建筑物安全控制标准，采用Peck公式进行建筑物变形预测分析。

（2）在对周边建筑物和施工环境进行分析和评价的基础上，以盾构施工中的主要参数如相对埋深、相对位置、基础类型、掘进泥水压力等进行三维有限元仿真建模，着重分析盾构施工中哪些参数对建筑物变形起决定作用。在分析不同基础类型时，针对隧道的不同埋深和隧道与建筑物不同相对位置分析了参数变化对建筑物基础沉降变化的影响，主要包含了建筑物与隧道的不同位置关系对建筑物的影响、隧道不同埋深对建筑物基础的变形影响、建筑物对掘进泥水压力基础变形的反应程度。通过辨识手段得到的盾构施工参数，为盾构安全穿越建筑物提供了保障。针对某具体建筑进行有限元分析，计算得到建筑物的变形和内力及其变化情况，明确盾构施工过程中建筑物的薄弱部位，以确保地表建筑物的安全和正常使用。

（3）基于模糊物元评价方法，对地铁施工对环境的影响因素及其组合进行分析，并在此基础上建立地铁施工的环境影响评价体系，采用模糊可拓物元评价方法进行邻近建筑物安全分级评价，利用蒙特卡洛方法对建筑物安全影响因素进行敏感性分析，为不同等级的周围环境提供有效的安全控制应对方案，进而保证地铁施工及邻近建筑物的安全。

（4）从施工阶段构筑物动态安全评价角度出发，采用对时空演化敏感的贝叶斯网络对地铁盾构施工邻近构筑物变形安全管理决策进行风险建模，提出涵盖模型设计、模型验证及模型应用的基于贝叶斯网络的邻近构筑物安全不确定性推理与实时控制方法，克服了传统安全分析方法难以反映时空变化对邻近建筑物安全风险演化的实时效应等不足。本书提出了用于贝叶斯网络模型有效性检验的相关衡量指标及其判定标准，结合工程实际，利用贝叶斯网络前向预测推理、敏感性分析及逆向诊断推理技术，支持实现邻近构筑物事前、事中及事后各阶段的安全风险实时评价与诊断决策。

（5）研究减小地铁盾构对相邻建筑物产生的安全影响所需要采取的系统保护措施，运用三维有限元方法分析加固措施和效果等，不断比较与优化加固建筑物等方面的技术方法，包含了分析注浆加固建筑物基础，分析加固树根桩对建筑物基础的影响，建筑物桩基加固分析，基于此提出了盾构施工穿越建筑物所采取的系统性保护措施，并结合地铁盾构施工安全监测数据进行了效果分析。研究地铁盾构施工安全监测与预警，提出地铁盾构工程安全风险监控预警方法体系。

本书的研究工作，获得了国家重点研发项目（2016YFC0800208）、国家自然科学基金（71571078、51708241）资助，得到了武汉地铁集团有限公司、中铁十一局股份有限公司、武汉市政建设集团有限公司、汉阳市政建设集团公司、中铁隧道股份有限公司、中建三局集团有限公司、中铁七局集团有限公司等的大力支持，在此深表感谢。

限于作者水平，书中难免存在不周之处，恳请读者不吝指正。

目 录

第1章 绪论 ·········· 1
1.1 研究背景 ·········· 1
1.2 研究现状 ·········· 2
1.2.1 城市地铁施工地表沉降预测方法研究现状 ·········· 2
1.2.2 隧道施工对邻近建筑物影响与控制 ·········· 7
1.2.3 地铁工程风险管理现状 ·········· 11

第2章 地铁盾构施工诱发邻近建筑物变形机理及安全管理分析 ·········· 15
2.1 引言 ·········· 15
2.2 地铁盾构施工诱发邻近建筑物变形机理 ·········· 15
2.2.1 地铁盾构施工诱发地表变形规律 ·········· 16
2.2.2 地表变形诱发上部建筑物破坏规律 ·········· 17
2.2.3 建筑物的存在对地表变形的影响规律 ·········· 19
2.3 建筑物变形安全控制标准分析 ·········· 21
2.3.1 刚性安全控制标准 ·········· 21
2.3.2 柔性安全控制标准 ·········· 23
2.3.3 安全控制标准的经济性分析 ·········· 24
2.4 地铁盾构施工邻近建筑物安全管理流程 ·········· 25
2.4.1 盾构施工影响范围确定 ·········· 26
2.4.2 建筑物环境调查 ·········· 27
2.4.3 建筑物安全分析与评价 ·········· 28
2.5 轨道交通施工邻近建筑物的安全风险管理 ·········· 34
2.5.1 轨道交通邻近建筑物的安全风险等级划分方法 ·········· 34
2.5.2 地铁盾构邻近建筑物的安全风险等级划分及控制 ·········· 36
2.5.3 建筑物安全风险控制管理 ·········· 38
2.6 案例分析 ·········· 40
2.6.1 武汉地铁2号线盾构隧道工程概况 ·········· 40
2.6.2 隧道工程沿线建筑物现状与健康调查 ·········· 46
2.6.3 隧道工程诱发沿线建筑物安全控制标准 ·········· 56

第3章 基于有限元仿真的隧道施工诱发邻近建筑物安全风险机理分析 ·········· 60
3.1 数值仿真 ·········· 60

  3.1.1 盾构隧道数值模拟方法 ·· 60
  3.1.2 盾构隧道开挖数值模拟方法 ·· 62
 3.2 盾构仿真模型的建立 ··· 65
  3.2.1 盾构仿真相关参数 ··· 66
  3.2.2 盾构开挖有限元模型的建立 ·· 67
  3.2.3 本构模型 ·· 67
  3.2.4 盾构开挖数值分析步骤 ··· 68
 3.3 地铁盾构施工对邻近建筑物桩基的影响分析 ························· 69
  3.3.1 隧道与桩基的距离不同对桩基的影响 ······························· 70
  3.3.2 隧道的不同埋深对桩基变形的影响 ·································· 76
 3.4 地铁盾构隧道施工对周边建筑物的影响分析 ························· 77
  3.4.1 隧道与建筑物不同位置关系对建筑物的影响 ···················· 78
  3.4.2 隧道不同埋深对建筑物变形的影响 ·································· 88
  3.4.3 掘进泥水压力对建筑物变形的影响 ·································· 90
 3.5 案例研究 ··· 90

第4章 基于模糊物元理论的隧道施工邻近建筑物风险预评价 ········ 102
 4.1 隧道施工邻近建筑物安全因素分析 ·· 102
  4.1.1 地铁施工与邻近建筑物的作用机理分析 ·························· 102
  4.1.2 地铁施工邻近建筑物安全影响因素 ·································· 103
  4.1.3 地铁施工邻近建筑物安全风险评价指标体系建立 ············ 109
  4.1.4 建筑物安全分析等级划分标准 ··· 110
 4.2 隧道施工邻近建筑物安全评价分析 ·· 112
  4.2.1 模糊物元知识表示 ··· 112
  4.2.2 模糊物元评价模型建立 ·· 114
  4.2.3 基于蒙特卡洛影响因素敏感性分析 ·································· 117
 4.3 隧道施工邻近建筑物安全预评价实证研究 ···························· 118
  4.3.1 建筑物安全性评价 ··· 118
  4.3.2 影响因素敏感性分析 ··· 122
  4.3.3 建筑物安全管理决策 ··· 127

第5章 基于贝叶斯网络的地铁盾构施工邻近建筑物动态安全评价决策 ······ 128
 5.1 引言 ··· 128
 5.2 贝叶斯网络理论及其适应性分析 ·· 129
  5.2.1 贝叶斯网络定义 ··· 129

  5.2.2 贝叶斯网络的概率论基础 …………………………………………… 130
  5.2.3 贝叶斯网络用于地铁施工安全分析适应性分析 ………………… 131
 5.3 基于贝叶斯网络的动态安全评价决策方法 ……………………………… 132
  5.3.1 安全致险机理分析 …………………………………………………… 132
  5.3.2 贝叶斯网络模型设计 ………………………………………………… 134
  5.3.3 贝叶斯网络模型验证 ………………………………………………… 135
  5.3.4 贝叶斯网络模型运用 ………………………………………………… 137
  5.3.5 安全管理决策支持 …………………………………………………… 139
 5.4 地铁盾构施工邻近建筑物安全贝叶斯网络模型设计与验证 ………… 140
  5.4.1 邻近建筑物安全贝叶斯网络模型设计 …………………………… 140
  5.4.2 邻近建筑物安全贝叶斯网络模型验证 …………………………… 143
 5.5 地铁盾构施工邻近建筑物安全贝叶斯网络决策实证分析 …………… 145
  5.5.1 邻近建筑物事前安全风险控制 …………………………………… 145
  5.5.2 邻近建筑物事中安全风险控制 …………………………………… 146
  5.5.3 邻近建筑物事后安全风险控制 …………………………………… 147

第6章 隧道施工邻近建筑物安全风险控制管理与监控预警 ……………… 150
 6.1 地铁盾构施工建筑物加固分析 …………………………………………… 150
  6.1.1 建筑物基础注浆加固分析 ………………………………………… 150
  6.1.2 建筑物基础树根桩加固分析 ……………………………………… 153
  6.1.3 建筑物桩基加固分析 ……………………………………………… 156
 6.2 地铁盾构施工建筑物安全控制措施 ……………………………………… 159
  6.2.1 地铁盾构穿越建筑物相关技术控制措施 ………………………… 159
  6.2.2 地铁盾构施工穿越建筑物保护方案及效果 ……………………… 160
 6.3 地铁盾构施工安全监测与预警 …………………………………………… 165
  6.3.1 地铁盾构施工安全监测要求 ……………………………………… 165
  6.3.2 地铁盾构工程安全风险监控预警程序 …………………………… 168
  6.3.3 地铁盾构施工穿越建筑物监测及预警分析案例 ……………… 170

参考文献 ………………………………………………………………………………… 173

第 1 章

绪 论

1.1 研究背景

近年来我国经济发展迅速，然而城市交通基础设施的建设没有跟上经济发展的步伐，导致了城市交通压力不断增加，特别是一些直辖市、一线城市在交通运输秩序方面面临空前挑战。轨道交通系统的发展在大中型城市提上了日程，而地下空间如何发展成为了当前人民关注的话题，这也带来了城市地下轨道交通发展的黄金时代。地铁在我国已经得到一定发展，北京、上海等多个城市已经拥有地铁，而不断开拓地铁建设的城市也会越来越多。预计到 21 世纪中叶，我国的轨道交通规划总里程将达到 9000km。

在地铁隧道施工方面上，盾构法是一种较为常用且高效的施工方法。数据显示，盾构法已成为现代地铁隧道施工的主要方法，以此工法施工的工程约占总工程量的一半以上。然而，盾构法施工有着复杂且难以掌握的操作控制机理，时空变化效应在土壤与岩石之间的影响，以及岩石土壤等组成的环境系统对盾构机的作用与反作用，还要考虑盾构施工需求与供给能力以及工程项目的大小等诸多方面。盾构法施工造成的安全事故呈明显上升趋势。与此同时，在地铁施工中安全尤为重要，人员伤亡与带来的直接经济损失是一方面，更重要的是会造成恶劣的社会影响。

由盾构施工引起的建筑物安全事故很多，例如 2003 年 7 月 1 日，上海地铁 2 号线联络通道渗水事故，造成隧道严重损坏，地表发生沉降，3 栋建筑物发生不同程度的倾斜，在防汛墙上发现沉陷与裂缝等，造成的经济损失达 1.5 亿元人民币；2004 年 5 月，台湾省高雄市捷运盾构在施工过程中发生塌陷事故；2009 年年初，广州地铁 2 号线延长线东江盾构区间施工导致东晓南路站北面 7 栋民房发生不同程度的下沉和开裂，其中最大下沉达 340mm。

由于施工技术、周围环境和岩土介质等的复杂性，地铁盾构施工引起地层移动而导致地表不同程度的沉降和水平位移是不可能完全避免的。当地层移动和地表变形超过一定限度时，就会影响地表建筑物的正常使用。地铁工程施工对邻近建筑物变形的影响和保护成为非常重要的课题。特别是在城市中心地带建筑物密集，地铁盾构施工时要严格控制周围地层变形，以确保建筑物安全。基于此，地铁盾构施工诱发邻近构筑物变形安全评价及保护已经成为一个重要课题。

1.2 研究现状

1.2.1 城市地铁施工地表沉降预测方法研究现状

城市地铁工程施工中的地层变形，是由于在施工过程中对隧道附近土体的扰动，以及地层在施工过程中土体重塑后受到剪切破坏再次固结的过程中所造成的扰动带来的损失。一是，地层发生移动与地表发生沉降都会在隧道周边地层损失、土体弥补的过程中发生。盾构施工引起周围地层变形与移动，使得地表沉陷。地层损失是盾构施工中实际开挖土体体积与竣工隧道体积之差。二是，隧道施工周围土体含水地层的内部孔隙水压力产生变化，地表的沉降也会由于排水而发生变化，而沉降在地表发生也可能源于土体产生的蠕变。在隧道施工过程中，不论何种施工方法地层都必然产生变化，因此地层沉降是工程中的难点与重要课题。隧道附近的地形与土层构造，隧道的相关参数，如深度、长度、宽度等，以及施工手段等，都会极大地影响地层的运动与变形程度。由于地层变形与沉降发生的必然性，对施工地段，特别是在市区施工，控制、预测地表运动与环境、地表变形的相互影响尤为重要，否则将会产生严重的损失与不利社会影响。

1. 经验法

经验法是在隧道施工后以数学曲线的形式表示所发生沉降的沉降槽。数学曲线的参数及相关特征，一般通过对沉降的实际情况进行测试，并配合施工原始资料。地表在地层扰动（隧道施工过程中引起）中产生的不均匀沉降的位置与程度是最重要的问题。矿山巷道上的地表沉降是最先引起注意和研究的。20世纪中叶，Martos 提出了依据在矿区巷道施工过程中的地表沉降真实数据并采用误差函数的方式近似描述地表沉降槽。到了20世纪60年代末，Peck 根据大量的实际隧道工程地表沉降数据对地层损失进行了系统阐述，并依据此对隧道施工中产生的地表沉降进行了估算，这便是闻名遐迩的 Peck 公式。

这种对地表沉降在隧道施工过程中的变化程度的估算方法在 Peck 的努力下得到了不断发展并被广泛应用，当然这与相关工作人员的技术支持与其他学者的细心研究是分不开的。Peck 研究发现：在不排水情况下体积在地层损失中的变化与在隧道施工过程中产生的地表沉降槽的体积一致。Peck 认为在假定隧道的整体地层损失呈均匀分布时隧道施工的地表沉降槽呈正态分布。

最早建设地铁的英国，在研究隧道施工过程中的地表沉降问题处于领先地位。英国 TRRL（Transport and Road Research Laboratory），对这一问题进行了大量研究。O Reilly. New 研究发现，不同施工方法下的不同地层的地表沉降表现大不相同。在大量真实数据的基础上对地层沉降与损失以及沉降槽的实际宽度提出了预计公式。对于双孔隧道在开挖过程中引起的沉降，可以由叠加原理并依据隧道（单孔）的沉降数据得到详细的计算公式。研究发现，两个单线隧道的沉降曲线叠加后与双线隧道的沉降曲线类似。从图1-1可以看出，在绝大部分情况下，扰动已经过了隧道（第1条）上方，此时隧道地面沉降的程度，第1条要小于第2条。单个隧道（等效半径为R）产生的地面沉降与两个距离紧邻的隧道产生的地面沉降一致。

从图1-2可以看出。等效半径R'的表达式为：

$$R' = R + d/2 \tag{1-1}$$

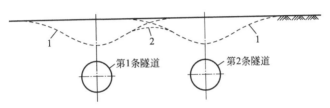

图1-1 两条隧道（相隔较远）施工引起的地面沉降槽

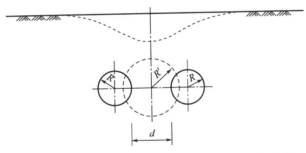

图1-2 两条隧道（相隔较近）施工引起的地面沉降槽

式（1-1）中，R表示半径（单条隧道），d表示相邻隧道间的净距。为了求得由施工引起的地面沉降三维运动方程，Attewell 假定地表沉降（横向）为正态分布曲线，地表沉降（纵向）曲线为二次抛物线。

由于大多数欧美国家城市轨道交通建设的全面性，所以在地表沉降等研究方面积累了丰富经验，并结合大量原始资料以经验公式对地表沉降进行预测并加以论证。

日本很早就对地铁隧道进行开发建设，在不断的实践中获取大量工程经验。由于日本所处地区大部分为软土地层，这使得日本在这种土层建设地铁隧道的经验非常丰富。地表沉降等问题一直是隧道施工的重要课题与难点,大量专家深入探讨。

地表沉降在隧道工程中的估计方法由 Fujita 提出;半谷以实际测得的数据为基础提出了在给出隧道施工时的面积(开挖)以及覆盖在隧道上方的土层的相关参数时可以预估地表的最大沉降量。地表沉降若是在软土地层由于重新固结的软土所产生,那么此沉降量会在地表沉降总量中占有较大的比例。在软土地层中进行隧道开挖,当使用的施工方法不同时,地表沉降的最大值也会相应变化,藤田对此进行了研究并通过计算得到了沉降的预估值。而对于隧道施工的研究,森氏、岛田等学者在计算地表沉降方面也有独到见解并给以实用公式。

随着我国隧道工程施工技术不断发展,地表沉降等得到逐步重视,我国的工程技术人员也研究了如何预测沉降等问题。刘建航院士以隧道施工(上海延安东路)的实际测量资料为依据,在总结隧道纵向沉降分布特点的基础上,以 Peck 法为理论指导,并通过傅里叶级数展开拟合实测数据,将地层损失分为开挖面和盾尾处两部分,首次提出"负地层损失"及其理论计算公式,得到地层损失与地表沉降之间的统计规律,见式(1-2)。

$$s(y)=\frac{V_{L1}}{\sqrt{2\pi}i}\left\{\varphi\left[\frac{y-y_i}{i}\right]-\varphi\left[\frac{y-y_f}{i}\right]\right\}+\frac{V_{L2}}{\sqrt{2\pi}i}\left\{\varphi\left[\frac{y-y'_i}{i}\right]-\varphi\left[\frac{y-y'_f}{i}\right]\right\}$$

(1-2)

在式(1-2)中,沉降量(分布方式为沿隧道纵轴线)以 $s(y)$ 表示,隆起量只有在得到的数值为负数时才会体现;从坐标原点出发到沉降点的距离以 y 表示;地层损失(盾构开挖面)以 V_{L1} 表示;地层损失(盾尾后部间隙)以 V_{L2} 表示;盾构推进起始点以 y_i 表示,从坐标原点出发到盾构开挖面的距离以 y'_i 表示;$y'_f=y_f-L$,$y'_i=y_i-L$(其中 L 代表盾构机的尺寸),采用标准正态分布函数 $\varphi(x)$ 表示。

20 世纪 70 年代初,同济大学开始实时监测隧道施工的地表沉降等并进行了大量的理论研究。通过现场监测,包括实测并研究上海等地的地铁隧道沉降问题,以 Peck 的沉降思想为理论指导,结合有效应力分析,得出地表沉降与消散超孔隙水压力有关,不断增加的压应力对隧道附近土体产生作用,考虑扰动土体后会发生地表沉降的问题,得出了地表沉降的计算公式。由地表沉降土体固结产生的地层损失量(单位长度)数值 V'_1 为:

$$V'_1=\sqrt{2\pi i \delta_c}$$

(1-3)

式中,固结沉降量以 δ_c 表示,单位为"m"。

$$\delta_c=\frac{\bar{P}}{E}H$$

(1-4)

式中,超孔隙水压力(隧道顶部)的平均值以 $\bar{P}$ 表示,单位为"MPa";压缩模量的平均值（土骨架）以 $\bar{E}$ 表示，单位为"MPa"；埋深（隧道）以 H 表示。

在 t 时间内 x 处到隧道中心线距离的土体固结沉降量为：

$$\delta(x,t) = \frac{H\bar{k}t}{\sqrt{2\pi}i} e^{\left(\frac{x^2}{2i^2}\right)} \tag{1-5}$$

式中，土体（隧道顶部）加权平均渗透系数以 $\bar{k}$ 为表示，单位为"m/d"。

则沉降量 $S(x,t)$ 在考虑了固结与施工因素时变为：

$$S(x,t) = \frac{V'_l + H\bar{k}t}{\sqrt{2\pi}i} e^{\left(\frac{x^2}{2i^2}\right)} \tag{1-6}$$

2. 理论法

经验法只能得出大致地表沉降值，地层的相关施工条件与详细参数、衬砌及其刚度、土层间的互相作用以及一系列施工辅助手段都无法在隧道施工过程中考虑。

随着地层变形相关理论研究不断深入以及充分考虑变形的地层相关特征，线弹性体、弹塑性体以及黏性体逐渐成为地层研究的模型。侯学渊、陶履彬选取轴对称的平面应变弹性理论进行应力场和位移场（圆形隧道）的研究分析。

非线性弹塑性（圆形隧道）的理论解被日本学者研究得到，黏弹性与弹塑性等材料能够反映土壤的非弹性性质，可替代土壤作为模型研究，与此同时也对时间与地层位移相关性进行充分考虑。但这些理论的限制极大，首先要对地层的均匀性进行假设，而应变问题只考虑轴对称平面的形式，因此只能对初始条件与边界问题简单的模型进行求解，而无法考虑地层位移的影响。

波兰学者李特威尼申在砂箱试验中研究得出随机介质理论，即取大量微元体代表整体隧道，研究其微元体变化的总和得出隧道开挖的整体影响。

隧道开挖沿某方向无限长，可视为平面应变微元体。地层为各向同性。开挖 $d\xi \cdot d\zeta \cdot d\eta$ 微元体，其中心距离地表的深度为 H。

微元体产生的沉降为：

$$S_e(x,y,z) = \frac{1}{r^2(z)} \exp\left[-\frac{\pi}{r^2(z)}(x^2+y^2)\right] d\xi d\zeta d\eta \tag{1-7}$$

隧道开挖地层横截面的沉降为：

$$S_e(x,z) = \frac{1}{r(z)} \exp\left[-\frac{\pi}{r^2(z)}x^2\right] d\xi d\eta \tag{1-8}$$

廖国华、刘宝深、阳军生等学者自随机介质理论提出以来就对其进行不断研究与深化完善，使得其理论更加全面。这一理论不仅在预测最早应用的领域——煤矿矿井开采中地表移动中得以科学化、系统化发展，更使得预测地下（金属矿）开采、地层疏水以及露天（煤矿）开采等地表移动问题全面发展。由于隧道在城市中主要集中在风化岩层或表层土壤中，与地表的距离一般较近等，这些介质都可以视为较好的随机介质。这些研究使得在地铁建设过程中地表变化等问题得以初步解决，并得到了一系列地铁施工的计算公式，利用此方法编制的程序对地铁建设起着指导作用。

研究人员将固结理论与随机介质理论进行关联耦合，对土体排水固结引起的地表变形问题进行了有意义的探索。

3. 数值分析法

隧道结构与岩土性质的非线性程度是非常高的，使得非线性路径相关性在开挖隧道工程所产生的问题源于土层中岩土性质与隧道的结构特点具有的高度非线性。这代表着想要准确地对地表的变形与移动进行预测，就要在隧道施工过程中将围岩的应变应力状态更准确地反映出来，这些都是以隧道整体施工过程以及选取路径被充分考虑为前提的。对于结构复杂的隧道与环境复杂的地质条件，理论法与经验法不再适用。

研究人员经过多年的研究和分析发现，土层能够发生变形的首要条件是地质条件，但这不是唯一的影响因素。施工技术与衬砌类型也会对变形产生一定影响。但是解析法不能够全面地分析问题，它只能处理一些简单问题。因此，对于有一定难度的问题需要引入数值计算方法，结合该方法才能解决定解条件下的难题。

数值分析法其实不是单指一种方法，它还可以分成几种类型，比如说：边界元法、有限元法以及半解析元法等。而这些方法同时具有很多特性，比如有限元法，它具有线弹性、非线性弹性、黏弹性以及黏弹塑性等特性。有限元法具有可以计算复杂问题和使用方法多样等优势，因此在研究隧道施工对地层变化的影响时，能够采用这种方法来解决问题。同时还可以结合有限元程序来进行施工全过程的数据研究和解析。简要地说，就是在这个过程中可以对隧道的施工技术进行相关模拟，还能够对施工过程中引发的破坏进行全方位探究，包括隧道施工过程中的围护系统设计和隧道施工对邻近隧道的影响等。

数值模拟方法还具备很多大家不熟悉的特点。例如它能够设定很多不同的因素，还可以对于材料类别进行表达。这些特性完全打破了以往关于弹塑性的所有理念的限定条件，不再需要假设物质具有材质均匀，连续不间断，每个方向性质相同以及小变形特性等条件。即去掉这些限定条件，以现实条件作为基础，应用这种方法进行的研究结果是最接近实际的。此外，该方法还能够运用现代先进技术，把隧道施工与各种力学理论结合起来进行分析。这也是今后要不断努力的方向。

实际上数值模拟方法还可以进行动态研究。由于这种方法在物理学上可以考虑很多复杂的情况，对于各种边界条件都能做出相关分析，利用这个特性还能够模拟岩土的一些性能。而所谓的动态研究也就是该方法能够应用在施工过程中，边施工边分析研究。对于很复杂的工程，都可以轻松地分析解决问题。近年来隧道施工规模较庞大，因此这种方法得到了很好的应用和发展，尤其是有限元分析法，它的应用范围最广。

有限元分析法的广泛应用，引起全世界学者的广泛关注。他们进行了很多方向的研究，对该方法在隧道中的应用进行了大量分析，得出了很多结论。有限元分析法逐渐成熟，它的应用范围也越来越广，不仅能够对稍复杂的工程进行分析，对复杂程度很大的隧道工程也可以进行相关分析和研究。比如说，原来只能够分析一些较小截面的隧道问题，现在已经可以对大截面、截面相交等更为复杂的情况进行相关模拟。采用有限元法对隧道周边岩土情况的研究也有了飞跃性进步。原来只能够研究岩土的弹性介质，如今已经发展到可以对弹塑性和黏塑性两种介质同时进行相关分析。而且有限元分析方法对隧道施工数值模拟的作用非常大，它从只能研究应力场已经迅速发展成为能够同时对应力场、温度场、渗流场等进行分析探索。总之，有限元法可以在复杂的工程中进行相关分析和研究，不仅能模拟工程的平面模型，还可以进行三维过程的动态模拟。

1.2.2　隧道施工对邻近建筑物影响与控制

1. 隧道施工对邻近桩基影响与控制研究

隧道施工对邻近桩的影响，既有地层位移的因素，也有被动桩与土体之间相互作用的因素。

Vermeer、Bonnier（1991）对隧道开挖引起的既有桩的沉降进行了研究，他们发现，桩沉降的程度受到其与隧道距离（水平方向上）因素的影响。

Poulos（1996）研究了在隧道开挖的过程中不用支撑结构的情况；Chen（1997）则分析了在有支撑结构的情况下，开挖过程造成土体变形对桩有何种影响。

对于探究在隧道土方开挖过程中会引起桩轴侧两个方向变化，Poulos、Loganathan、Chen（1999）采用了两阶段方法，对此问题进行了系统研究。结果说明，桩尖能够很大程度上影响两个方面：一是隧道水平方向轴的位置；二是桩产生变化的情况。

经过多年的研究分析，Shahrour、Mroueh（2002）动态模拟了隧道工程土方开挖过程，得到了一个三维形态的过程模型。通过应用这个三维模型，可以深入地分析隧道在开挖土方时对桩的影响程度。在经过多次实验后发现，在距离较近的桩之中，它们的内力情况跟桩尖、隧道在水平方向轴的位置及桩轴距中心线（隧道）长度有很大联系。

Dasari、Cheng、Leung（2004）对隧道施工过程中附近土体与桩之间的联系进行了研究分析。首先选择了新加坡东北线隧道，采用了三维数值模拟分析的方法。通过对实际工程的研究分析得到桩中弯矩、轴力的排列方式与作用原因,最终得出的结果与实际情况一致。

以上海市地铁1号线为实例背景,我国的黄海鹰、李永盛(1997)采用弹性力学开尔文解以及弹性地基梁理论相结合的方式针对盾构施工对桩内力及其挠度作用进行分析研究,最终得出了相关计算式。

关宝树等人(2002)以接近的程度大小为判别条件将桩进行了相关划分,同时还遵照这个接近的涉及范围提供了接近方法策略。这些方法策略是从桩基具体情况、桩基保护措施、施工安全监控管理以及工程记录等方面提出的。

王占生(2003)进行的相关分析是从盾构施工中距离较近桩的穿越着手的。着重研究这个过程对单桩如何作用,如果具有一定作用时,还要分析影响这个作用过程的元素有哪些。通过一系列体系的研究分析后得出在上述过程中对桩基中内力分布情况以及大小变化的判断方式,概括了这个过程的操作方式、方法以及操作顺序。同时还给出了这一实验过程中相关的实验数据参数和辅助的设施等。

在盾构对各种形式桩影响方面,孙宗军(2004)有着独到见解,他也是应用三维数值分析的方式进行相关分析。他研究得出在相关施工过程中桩基的移动距离和方向、桩基在移动过程中侧方向上的摩擦情况,还有桩基在发生这些变化时其自身弯矩的相关变化。在这些结论的基础上,他又系统地给出了对应的防范方法和应对策略。

李强、李德才、王明年等人(2006)的研究范围是施工中桩基受力情况和产生移动情况。以广州地铁5号线西村站为实例,分析了在暗挖法施工中这两个方面的规律。并在此基础上说明了哪些方面是在施工过程中不能忽视的,如果出现这个情况时需要采取哪些方法解决。

以北京地铁10号线国贸站工程为研究背景,吴波等人(2005、2006)分析了在隧道施工过程中会对附近建筑物的基础带来哪些后果。通过实例分析和研究,最终得出了关于桩基沉降以及沉降过程中反映出来的差异等方面的结论。

全世界相关研究者都对隧道施工给附近建筑物带来的影响进行了相关分析探讨,同时对现场原位测试进行了试验研究。

King(1979)、Sekiquchi、Shibata等人(1985),还有Schrier、Bezuijen等人(1994),都在这个方面做了很多分析试验,希望能够拿出有力的数据证明这个过程中的一些规律,以方便人们容易发现问题,解决问题。

Stewart、Loganathan(2000)以隧道施工与桩间的联系为前提模拟离心机建立了一个此类模型。在应用这个模型分析问题的基础上,并结合大量的实验,最终发现了隧道施工中开挖土体时对桩基影响的规律,得出了其变形的相关性能。

Jacobsz、Mair(2001)、Jacobsz(2003)以及Kao、Chiang等人(2003)也

都是采用模拟离心机的方式来进行问题分析的,同样也得出了土方开挖过程中对桩作用的一些结论。

Teunissen、Hiitteman(1998)对荷兰阿姆斯特丹南北地铁线工程施工邻近大量群桩的原位置采取了一些监测方式,测出了它们的相关数据。通过提供的这些数据,再应用数据法和经验法进行分析研究,把预测值和实际的结果做对比研究。

Wang、Coutts等人(2000)想通过检测隧道施工的方式得出结论。因此他们选择新加坡东北部隧道工程,在隧道施工时,他们重点检测的是施工对桩中分布钢筋的影响。他们发现,施工会一定程度地加大附近桩基础中的荷载和弯矩(均指水平方向)。

Selemetas(2004)也采用了实例分析的方式,他分析的是英格兰艾塞克斯郡达格南区的两条隧道(直径约8m),在该工程施工过程中对附近桩基进行了沉降监测。研究结果表明桩基经历了沿桩身范围的荷载重分布。

刘晓苹、顾强、李坚(1996,1998)以上海地铁1号线作为实例,研究盾构施工中推进与注入砂浆这两个过程对附近建筑物的桩基础有哪些作用,其研究意义重大。

2. 隧道施工对邻近建筑物影响与控制研究

我国在针对隧道施工土方开挖中对附近建筑的影响方面并没有过多的研究,而国外在这个方面早有分析,因此他们得出的一些结论都是非常透彻、成熟的。他们的研究方向主要是预测方面,预测一些隧道施工过程中能够对附近的一些建筑带来哪些不良作用,通过这样的方式来提前解决问题,或是提前准备好应对措施,这种方式大大减少了损害。

MacDonald、Skempton(1956)提出以角变位——δ/L方法来判别建筑物破损程度的方法,这是在对98个具体的实例建筑物进行深入的研究和探讨之后得出的,因此具有实际应用价值。

Bjerrum(1963)将δ/L(角变位)值与建筑物不同破坏类型相对应,并针对允许变形的极值给出了准确值。

Burland(1995)通过应用集中(或分部)荷载作用下的弹性矩形简支梁(假设重量为零)模型,对建筑物由于地面发生沉降而产生变形(凹陷或隆起)进行了动态模拟,方便进行三维的观察和分析。

Breth、Chambosse(1974)以及Frischmann等人(1994)研究的地面产生沉降的问题是在砌体与框架结构中体现的。说明了在这个结构前提下进行挖掘时会引发的沉降规律特性。在提出预测影响的时候,还要考虑这些附近建筑物的刚度情况。

Rankin(1988)的研究表明,要重视建筑物沉降和倾斜的极值方面,并以这两个方面作为特点提出关于极值要如何控制的一个标准。

Cording、Boscardin（1989）采用全方面考虑问题的方式，合并关注地面沉降（隆起）的程度以及附近土的移动（水平方向上）会给周围建筑物带来哪些影响。同时在此基础上，通过梁模型分析的方式，对砖混结构能够承载的沉降能力的大小进行了分析。

Burland（1995）、Mair等人（1996）希望以一种简单方便的方式来定义建筑物损害程度。因此他们经过多番尝试之后决定采用水平应变以及A/L（挠度比）的方法。因为该方法具有方便简单的特性，很多人都采用了他们的方法。

Boone、Storer J（1996）采用了很多极限参数来判断破损程度，比如结构空间尺寸大小、土体位移，还有材质产生应变等的极限，综合进行建筑物破坏评价，在实际工程中应用起来也较为方便。

Liu（2000）针对隧道施工过程中土方开挖步骤，对砌体建筑物破损的程度采用了二维分析的方式；而Houlsby、Burd（1995~2000）针对这个问题采用的是二维加空间的方式，也就是应用了三维的方式。他们分别研究了自由场地时的地表沉降和砌体结构存在时场地的地表沉降。

Moorak Son（2005）在土方开挖过程中对周围建筑破损程度，提出四阶段评价的理论模式。这是一种需要利用角变位以及应变（水平方向）两个参数才能判定破损等级的方法。由于这两个参数都需要精确的计算，所以这个方法的判别程度是非常准确的。

Hakmoon Kin等人（2006）分析的是砖混建筑物会造成的破损，在这个方面提出了一些判别的方式和标准。

我国研究人员也进行了隧道开挖对邻近建筑物的影响研究。

张志强（2003）、卿伟宸（2005）、姜忻良（2006）进行了关于隧道土方开挖工程中对周围建筑基础带来的影响方面的大量实验和数据分析。他们在分析计算的时候，将上部承受的荷载情况计算出来，然后转化为同样情形下的作用力。这种方法极大程度上简化了数据的分析和研究，意义极大。

施成华等人（2004）研究的方向为隧道施工中土体在开挖的过程中会对附近地面建筑带来哪些作用。并应用实例进行相关分析——桐油山连拱隧道浅埋段工程，在这个过程中应用随机介质理论，预测分析了可能引发的地表变化。

蒲武川（2003）以及Hong-jian Liao（2006）分析发现，影响地表建筑物下沉最重要的因素有两个：一是隧道开挖深度，二是建筑距离隧道的距离（水平方向）。

李文江等人（2005）对这个过程中控制基准进行了相关试验和分析研究，并在此基础上表示，应用数学、力学就能够精确分析，同时设立了隧道施工过程中相应的控制基准。

吕勤（2003）、徐彦胜（2005）、赵玉良（2003）以及范国文（2003）等人的研究方向是针对加固建筑，提高防护措施方面的。并在研究后表示结合导洞、管棚和隔离桩等方法可保证建筑物基础的安全。

《危险房屋鉴定标准》JGJ 125—2016 在针对危险建筑的方面给出了一个判断的标准和准则。

《建筑物、水体、铁路及主要井巷煤柱留设与压煤开采规范》（2017年）中针对除了矿山开凿、采矿时发生的坍塌现象引发的建筑物或是构筑物破坏的级别方面有相应的判断准则。

对于我国预测建筑物的变形情况，北京市轨道交通建设管理有限公司和北京交通大学联合进行了相关分析，最终得出了一些结论。如采取地基、建筑倾斜程度、应变变化情况（水平方向）等指标来建立建筑物受影响程度评价方法，对相应的控制措施进行了探讨。

1.2.3 地铁工程风险管理现状

1. 国外地铁工程风险管理研究

公元1000年前就已经有了风险这个词，1975年随着美国风险与保险管理协会的成立，人们才真正开始使用风险管理工具来处置风险。然而风险管理方法真正用于隧道工程风险分析，是从美国 Einstein. H. H 开始，他撰写的文章中，如《Geological Model for Tunnel Cost Models》《Decision Aids in Tunneling》《Risk and Risk Analysis in Rock Engineering》等文献，明确了隧道工程风险的类型和特点以及分析时应遵循的理念。

Robert J. Smit（1992）粗略介绍了地铁工程风险评价方法和应重视的问题，指出能够规避风险，获得收益的地铁工程风险评价方法和指导思想，并详细论述了地铁工程风险评价流程。

Snel 等（1999）研究了阿姆斯特丹地铁线路的风险因子，从设计和施工两方面进行了风险评价，论述了怎样通过化解风险来保证投资与质量的最优化，提出了风险防范和控制措施。

1999年，国际隧道协会成立研究小组。通过长时间的调查、分析、研究和探讨，该小组在2003年完成了隧道风险管理指南，该指南为所有从事隧道和地下工程作业的人员提供了风险识别和管理的指导，为业主和承包商提供了项目全寿命周期风险管理目标和方法。

Reilly. J. J（2000）从设计不当、人身财产损失、成本过高、工期延误等方面论述了地铁工程的不安全因素，表示在建设隧道的时候所进行的工作包含了风险管理，同时也进行了风险分担，这是一个全过程。

Cho&Choi 等（2002、2004）按照风险识别、风险评估、风险评价和风险控制的风险管理步骤，同时借助风险评估软件，并结合具体工程实例，建立一个以模糊理论为基础的不确定模型，考虑概率参数的估计和主观判断两个方面的变化范围，对地铁建设工程进行了风险评估和实证分析。

Gordon T. Clark（2002）运用风险指数法对风险进行分级，以美国西雅图地铁工程为例，将风险发生的可能性按照未必有的、疏离的、可能的、预期的和必然发生的分为五个级别；用五个等级：轻微的、中等的、严重的、重大的、灾难的来表述一件事情带来的不良后果。之后再利用风险系数来进行进一步的区分（这个指数是从风险可能性与影响性方面研究得到的），可以分为 1~4——低度、5~9——中等、10~15——严重、16~25——极高四个等级。通过这样的方式就可以对一项工程的风险程度进行分级，研究不同等级风险的处理对策。

Eskesen（2004）介绍了一些常用的风险评估方法，为地铁全寿命周期施工提供了参考标准。

Lisa Tumbaugh（2005）研究了地铁工程风险识别和风险评价的方法。

David Brush（2005）提出了风险定性评估方法，研究了地铁项目的风险因素。

Holick M 等（2006）提出从地铁工程设计阶段，采用有效的安全保护措施，加强风险管理，最大程度规避重要风险源。

在 2004 年国际隧道协会发布隧道工程风险管理的指导性标准《隧道风险管理指南》基础上，2006 年，英国隧道协会和国际隧道协会发布了《隧道及地下工程管理作业规范》，对隧道工程的风险管理及保险等做出具体规定。从此以后国际隧道协会基本没有做相关风险专题研究，由此可见，欧美地区地下工程的风险管理实践已相对成熟，并且风险管理成为地下工程建设必不可少的组成部分。

2. 国内地铁工程风险管理研究

我国台湾地区在从事风险管理方面的研究在国内是比较早的，段开龄博士撰写的《风险管理论文集》和宋明哲撰写的《风险管理》都是前瞻性的研究成果。但将风险管理运用于隧道工程实践比较少，大多仅限于理论研究。

由于香港特别行政区具有特殊的地质条件，香港的专家学者大多将精力集中在研究岩土工程病害的防治方面，他们基于可靠度理论的研究取得了较多的成果，但由于缺少大量的实例工程，在地铁隧道施工方向上的实例分析较少。

中国大陆关于风险管理问题关注的时间比较晚，直至 20 世纪 80 年代中期才出现一些风险管理的书籍。最早的风险管理思想要追溯到 1987 年清华大学郭仲伟教授的《分析与决策》一书，不过当时也仅在金融、投资、企业管理等领域得以运用。直至 20 世纪末，风险管理理论才涉及地下工程建设。

同济大学丁士昭教授是研究地下工程风险管理的代表人物，在广州和上海地铁工程中，他首次运用风险管理理论分析了建设过程中的风险因素，并提出了应对策略。

白峰青（2000）在《地下工程的可靠性与风险决策》一书中分析了设计过程中的技术经济风险，并利用可靠性因子分析法研究了地下工程的风险决策。

同济大学李永盛、黄宏伟（2002）将风险管理用于上海崇明通道工程，主要从事风险评估实例研究。

毛儒（2003）总结了沉管和圆形隧道施工中容易引发的风险因素，同时利用管理方法中的矩阵法对相关问题进行了深入研究。

黄宏伟（2003）就如何加强地铁建设中的风险管控，规避危险因素，提高预警能力，从而确保建设目标实现进行了研究。

陈桂香（2006）提出了地铁全寿命周期风险集成管理模式，尽可能降低风险损失，实现风险整合。同年，周红波在上海地铁7号线上，依托风险管理方法，借鉴以往地铁施工资料，从动态和静态两个方面识别风险因素，深入研究了盾构法施工的风险评价方法。

严长征等（2007）以上海轨道交通9号线区间工程为依托，结合模糊综合评价法和层次分析法，初步识别了风险因素，进而对盾构施工进行风险分析和评价，最终确定风险水平和等级。同年，孙明依据风险源产生的原因和特点进行了系统的风险识别和评价，并给出防范对策。

黄宏伟等（2008）在总结了国内外重大地铁安全事故的基础上，论述了地铁运营安全风险管理体系，有针对性提出地铁运营安全风险应对办法。同年，朱胜利在地铁施工事故的基础上，探讨了风险评价的现状和特点。刘翔等强调了深基坑工程风险管理必要性，指出风险评价和控制的办法。

谭跃虎等（2009）构建了地铁施工的风险分析框架，并对车站施工进行了风险评价。同年，王晶在南京2号线工程上，系统性研究了风险管理的全过程评判，包括风险识别、分析、评价、应对等。马培贤、郭红梅从工程勘察的角度，以北京地铁为研究对象，分析了建设过程中的岩土工程勘察措施和重点，探讨了地铁施工的地质风险因素。

娄学军（2010）基于北京地铁呼家楼站地面交通量大、站内人流多、周边建筑和地下管线复杂，并且下穿京广立交桥等特点，重点分析了此类危险源，并进行评价和监控。同年，成高勇构建了地铁风险评估的理论框架，在系统论的基础上提出结合动态风险的评估方法，并对地铁项目风险进行了可靠性分析和评价。付蓉总结了国内外地铁维护工作的安全风险成果，提出提前进行风险源识别并建立反馈系统，从而强化维护阶段的风险管理。

潘科等（2011）运用多级可拓评价方法，对北京地铁进行了案例研究，通过构建地铁运营安全评价模型，划分了地铁运营风险水平和等级，指出了地铁运营的安全保障措施。同年，余宏亮等以武汉地铁2号线螃蟹岬车站为研究对象，提出了风险识别规则的获取、表示等具体应用，通过使用信息化处理方法，总结风险识别的规律，从而为动态识别地铁风险因素提供支持。

丁振明（2012）指出盾构施工中一方面要做好各阶段风险评估工作，对风险有预判，另一方面要利用信息化手段做好监测，从而有效规避风险，最后全方位的应急预案是非常必要而实用的。同年，韩煊等依据典型的地铁下穿既有线案例，从隧道埋深、结构刚度等方面提出预测沉降的分析方法，为地铁施工风险预测和评估提出了新的思路和途径。

赵庆武（2013）对地铁施工总承包管理模式的特点和特性进行了风险分析，构建了地铁施工总承包管理模型，并建立了风险管理标准，为地铁总承包风险管理提供了一整套方法，实现了风险的闭合管理。同年，罗春贺采用物联网技术构建了地铁安全监控系统，并用于大连地铁换乘站的监测分析，为地铁安全运营提供实时的监控和预警，从而将风险化为最小，这是地下工程风险管理的前沿方向和发展趋势。

虽然我国研究风险管理起步较晚，但是随着我国基础设施建设如火如荼进行，大型工程不断上马、地铁网建设快速推进、市政工程雨后春笋般孵化，大规模建设催生出的安全隐患和事故不断警醒着人们，使人们日益认识到风险管理的重要性。因此轨道交通这一领域的风险管理越来越受到人们的广泛关注，我国学者和专家从风险因素的辨识、评估、评价以及风险对策的动态回应方面做了深入研究，构建了地铁工程风险评估理论框架，建立了风险管理标准，制定了科学合理的风险管理方法，为地铁隧道施工风险管理与预测提供了新的思路和途径。

第2章

地铁盾构施工诱发邻近建筑物变形机理及安全管理分析

2.1 引言

地铁盾构施工诱发邻近建筑物变形破坏是一个复杂的隧道-土-建筑物交互作用体系，地层作为中间介质将隧道与建筑物之间的相互作用彼此传递。若建筑物抵抗附加变形能力较差，则其发生破坏的可能性较大。本书从地铁盾构施工诱发邻近建筑物变形机理分析出发，阐述地铁盾构开挖诱发地表变形、地表变形诱发上部建筑物破坏、建筑物存在对地表变形的影响等规律；比较分析邻近建筑物变形安全控制的刚性与柔性控制标准；在此基础上，提出一套系统全面的地铁盾构施工邻近建筑物安全管理流程。

国内外学者在对地铁盾构施工诱发地表及邻近建筑物变形规律开展了大量研究，主要集中在沉降变形预测、有限元模拟、理论计算、保护措施等方面。目前，很少有学者将经济性因素考虑到地铁盾构施工诱发邻近建筑物变形安全影响分析与决策中；且很少有关于如何系统地进行邻近建筑物安全风险决策研究的文献。本书以地铁盾构施工诱发周围地层及邻近建筑物的变形机理为基础，深入研究邻近建筑物变形安全控制标准，并提出一套系统全面的地铁盾构施工邻近建筑物安全管理流程，为邻近建筑物的全面安全保护提供决策支持。

2.2 地铁盾构施工诱发邻近建筑物变形机理

地铁盾构施工造成周围土层扰动，进而使得邻近建筑物变形破坏，目前常用整体分析法和两阶段分析法对这一问题进行分析。其中，整体分析法通常借助有限元等数值方法计算分析，在模拟隧道开挖过程的同时，将周围土体、建筑物基础及其上部结构作为一个整体进行分析；两阶段分析法把隧道开挖对建筑物的影响分成两个阶段，第一阶段分析隧道开挖引起的土体变形，第二阶段将此变形施加到建筑物上，分析建筑物的变形和内力变化。由于能够将土体变形与建筑物变形两个过程分解开独立分析，两阶段分析结果的准确性与可靠性更容易得到工程实际人员接受与认可。下面从地表变形、邻近建筑物变形、建筑物的存在对地表变形的影响三个方面，阐述地铁盾构施工影响邻近建筑物的安全演化机理。

2.2.1 地铁盾构施工诱发地表变形规律

地铁盾构施工过程中，周围土体中原有应力平衡状态受到扰动破坏，主要表现为土体应变和应力状态的改变。地铁盾构施工造成地表沉降，主要来源于施工引起的地层损失和隧道周围受剪切破坏的重塑土再固结。以下从横向沉降变形和纵向沉降变形两个方面，总结地铁盾构施工诱发地表变形的规律。

1. 横向沉降变形规律

地表变形在三维坐标系中表现为一个凹槽，稳定后的沉降曲线在横截面上呈现为一条类似于正态分布的 Gauss 曲线，其横向沉降计算以 Peck 公式最为经典。Peck 基于大量沉陷实测资料的统计分析，认为对于均质土质地层，不排水情况下隧道开挖所形成的地表沉降槽的体积应等于地层损失的体积，并推导了地表沉降量的计算公式，如式（2-1）所示。图 2-1 显示了地铁盾构施工产生的地表沉降横向分布，可近似看作一条正态分布曲线。

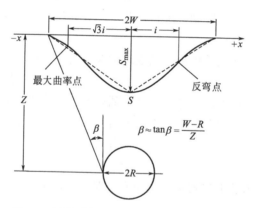

图 2-1 地铁盾构施工引起的地表沉陷槽曲线

$$S = S_{\max} \exp\left(-\frac{x^2}{2i^2}\right) \tag{2-1}$$

式中，S 为距离隧道中线 x 处的地面沉陷量；x 为距离隧道中线的距离；$S_{\max}$ 为隧道中线的最大地表沉降量，$S_{\max} = \dfrac{V_s}{\sqrt{2\pi}\, i} \approx \dfrac{V_s}{2.5i}$；$i$ 为沉陷槽的宽度系数，即沉陷曲线反弯点的横坐标，$i = \dfrac{Z}{\sqrt{2\pi}\tan(45° - \varphi/2)}$；$Z$ 为隧道埋深；φ 为隧道覆土有效内摩擦角；V_s 为沉陷槽容积（等于盾构施工引起的地层损失），$V_s = V_l \pi R^2$，

V_l 为地层损失率；R 为隧道半径。

2. 纵向沉降变形规律

随着掌子面向前开挖，地铁盾构施工诱发地表沉降表现出较强的时空效应。根据大量的工程实践，地铁盾构施工造成地表纵向沉降可大致划分为三个不同的变形阶段，如图 2-2 所示。

（1）初始阶段：地表累计沉降量、沉降速率和沉降加速度均从零开始逐渐增大。该阶段地表累计沉降主要包括两部分：盾构到达前和盾构开挖面到达时的地表沉降。盾构到达前地表沉降主要是由于盾构施工引起开挖面前方空隙水压力的变化，覆盖土层孔隙比减少，有效应力增加引起的固结沉降。盾构开挖面到达时，开挖面压力可能引起土体应力释放；同时，附加土压力可能产生弹塑性变形，开挖面设定的压力小则产生沉降，反之隆起。

（2）发展阶段：地表累计沉降量增加较快，沉降速率逐渐达到最大，沉降的加速度由正值逐渐趋于零并转为负值。该阶段地表累计沉降量主要由盾构通过时和盾构通过后脱出盾尾的地表沉降构成。盾构通过时的地表沉降主要是由于盾构外周表面与土体之间的摩擦阻力，产生沿隧道轴向的剪切滑动面上的剪切应力引起地表变形。另外，盾构推进过程中姿态控制产生的轴线偏移，使盾构经过的土体一部分挤压，一部分松弛后产生弹塑性变形。盾构通过后脱出盾尾的地表沉降主要是由于盾构尾部的"建筑孔隙"以及控制"建筑孔隙"的壁后注浆，引起土层中应力释放或附加土压力的弹塑性变形。

（3）衰减阶段：地表累计沉降量继续增加，但增加缓慢，沉降速率逐渐减小到零，沉降加速度由负值逐渐变为零。该阶段地表累计沉降量主要源于盾构通过后土体长期的次固结沉降。

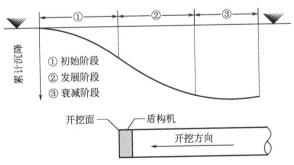

图 2-2　地铁盾构施工诱发地表纵向沉降发展趋势图

2.2.2　地表变形诱发上部建筑物破坏规律

隧道开挖区域周围土体的沉降和固结会扩展到地表建筑物地基下面，并由地基传递给建筑物基础及上部结构，引起结构的次生内力变化、倾斜或倒塌。如果不采取有效措施，有可能产生灾难性破坏。对地表沉降变形引起的建筑物破坏形式进行归纳总结，有助于了解地表变形对建筑物造成破坏的机理，从而为合理确定建筑物变形控制标准及相应保护措施提供参考。地表沉降变形诱发上部建筑物的破坏形式具体表现为以下三类：

1. 地表均匀沉降引起建筑物破坏

由于地表均匀沉降造成的建筑物整体下沉，对建筑物的结构安全稳定性及使用条件产生的影响有限。但过大的地表沉降容易造成建筑物整体下沉较多，可能引起连接室内外管线等的变形破坏；当地下水位较高时，地下水容易回灌建筑物内造成积水，建筑物地基土长期浸泡会造成地基土强度降低，可能诱发建筑物结构性破坏。

2. 地表差异沉降引起建筑物破坏

地表差异沉降是造成建筑物破坏的最主要原因，容易导致建筑物的重心发生偏移，造成建筑物承受不均匀荷载，引发结构产生次生应力。当建筑物产生的次生应力大于建筑物承载力时，会造成建筑物产生裂缝等破坏。大量工程实践表明，地表差异沉降引起建筑物破坏与建筑物刚度关系密切：对于刚度较大建筑物，地表差异沉降对其整体稳定产生的影响有限，但是沉降差异过大时，会造成建筑物使用不便，如电梯无法正常使用、门窗卡住、内部仪器设备破坏、内外水管拉裂破坏等；对于刚度较小的建筑物，则可能造成建筑物开裂，如图 2-3 所示。

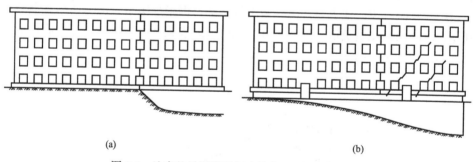

图 2-3　地表差异沉降引起建筑物开裂破坏示意图
（a）刚度较大建筑物；（b）刚度较小建筑物

3. 地表曲率变化引起建筑物破坏

地表曲率变化也是造成建筑物破坏的主要原因，包括正曲率（地表上凸）及负曲率（地表下凹）两种形式，两种曲率形式对建筑物影响均较大。正曲率使得建筑物中央悬空，建筑物的荷载转向两侧，造成建筑物墙体形成"正八字"裂缝；负曲率使得建筑物两侧悬空，建筑物的荷载转向中央，造成建筑物墙体形成"倒八字"裂缝。该建筑物墙体裂缝主要是附加荷载作用下产生的拉伸应力所造成的，如图 2-4 所示。

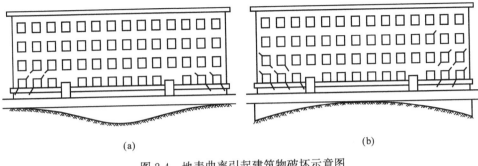

图 2-4 地表曲率引起建筑物破坏示意图
(a) 正曲率；(b) 负曲率

2.2.3 建筑物的存在对地表变形的影响规律

地铁盾构下穿建筑物是一个复杂的隧道-土-建筑物交互体系，这种复杂的交互作用主要表现为以下两个方面：其一，隧道开挖对建筑物原有平衡状态的扰动和破坏，而使其发生变形及开裂，若建筑物抵抗附加变形能力较差，则安全风险更大；其二，建筑物对隧道开挖地层变形也将产生一定影响，如建筑物的自重刚度及其不均匀沉降等对土体开挖和隧道衬砌结构施作也会产生影响，并可能使地铁盾构施工参数随之发生改变，进而导致新的地层变形。结合大量研究探索与工程实践，建筑物的存在对地表沉降的影响与多个影响因素相关，如建筑物基础形式、建筑物刚度、隧道埋深、穿越方式等，具体的影响规律与趋势如下。

1. 建筑物基础形式

因建筑物基础形式不同，在建筑物横向分布范围（一般在 13～23m 的范围）内的地表沉降曲线存在差异。如与柱下单桩基础相比，柱下单独基础条件下盾构施工引起的地表沉降值较大，且沉降曲线斜率较大，导致上部结构出现较大程度的倾斜变形。其原因在于，桩基础约束了隧洞周边的深层土体沉降，传至地表的沉降有所减小。在建筑物横向分布范围以外，不同基础形式条件下盾构施工引起的地表沉降曲线差异较小。基于研究统计，盾构施工引起建筑物变形破坏程度随建筑物条形基础、阀板基础、箱形基础、桩基础依次逐渐减小。

2. 建筑物刚度

与地表不存在建筑物时的自由场地表沉降相比，在建筑物自重及刚度共同作用下，盾构隧道开挖引起的建筑物横向分布范围内的地表沉降曲线明显变陡，建筑物向隧道方向倾斜趋势明显。此外，当楼层数增加至 3 层及以上时，建筑物自重和刚度的影响效应相当；当楼层数少于 3 层时，随着楼层数的增加，建筑物刚度对地表沉降的约束效应强于自重的增大效应。

3. 隧道埋深

上部建筑物的存在对浅埋隧道引起的地表沉降具有显著影响，与自由场条件下地表沉降曲线形态相比，建筑物横向分布范围内的地表沉降量稍大。随着隧道埋深的增大，开挖影响范围也增大，此时深埋隧道开挖引起的地表沉降在隧道左右侧的分布形态几乎对称。表明地面建筑物对深埋隧道导致的地表沉降的约束作用减弱，即隧道埋深越大，开挖引起的地表沉降越接近于自由场条件。

4. 地铁盾构隧道与建筑物平面位置关系

（1）地铁盾构隧道斜穿建筑物

在此情况下，在有上部建筑物存在时，地铁盾构施工诱发地表沉降曲线形状与无建筑物时相似，均符合高斯曲线的形式。主要区别在于：有上部建筑物时，地表沉降曲线的峰值要比无建筑物时小，且地表沉降曲线的反弯点离隧道轴线的距离要比无建筑物时远。此外，随着建筑物的横向中心线与隧道中心线的夹角变化，地表沉降模式将发生变化。盾构隧道与建筑物的夹角越小，隧道中心线正上方的最大地表沉降值越小，且建筑物横向分布范围内的地表沉降曲线越平缓。当隧道与建筑物中心正交时，盾构隧道开挖引起的地表沉降最小；当建筑物山墙位于隧道拱顶的正上方时，则会加剧隧道上方的地表沉降；当山墙位于隧道边缘的正上方时，地表沉降最大值有所减小，并接近于正交情况，且地面建筑物开始向隧道倾斜变形。导致这种现象的原因主要是地表建筑物的存在以及建筑物基础与地基相互作用，提高了盾构隧道穿越地基土层的刚度，对盾构隧道引起的地表沉降有控制作用。

（2）地铁盾构隧道侧穿建筑物

在此情形下，当隧道一侧存在地表建筑物时，地铁盾构施工诱发地表沉降的最大值比无建筑物时地表沉降的最大值要小，且最大沉降值不在隧道中心线上，而是背离建筑物方向，偏离盾构中心线 $1 \sim 5m$。导致这种现象的原因主要是：①建筑物具有结构刚度，刚度具有传递和协调作用，造成对地层位移的约束，由此导致地表沉降量减小；②建筑物先于盾构隧道存在，在盾构隧道开挖之前，地表建筑物因自重对土体产生附加应力，使土体产生压缩变形，与无建筑物时相比土体强度得到了提高，建筑物与土体的相互作用对表层土体单元的受力状态具有一定的改善效果，减小了土体的塑性变形；③由于建筑物桩基础与土体之间摩擦力的缘故对桩基范围内的土体起了约束作用，减小了土体的体积变形，从而降低了地表沉降量。

综上分析，建筑物的存在会对地铁盾构施工诱发地表沉降产生一定影响，其影响的程度与建筑物基础形式、建筑物刚度、隧道埋深、穿越方式等多个因素相关。单纯将地表的沉降变形作为建筑物基础的沉降变形，没有考虑建筑基础及上部结构对于沉降槽的弱化作用，得到的地表沉降变形分析结果偏于保守。但这种简化处理方法省去了复杂的仿真建模与计算过程，并能在误差精度可接受的范围内快速了解地铁盾构施工对群体建筑物的基础变形影响，尤其适用于刚度相对较小的柔性建筑物，如一般的多层建筑物；当涉及受自身刚度影响大的建筑物时，采用上述简化处理方法进行建筑物基础变形的预测分析时，会存在较大误差。为了消除这种误差，实际分析中可将盾构施工引起的地层变形转化为弹性作用力作用在建筑物上，利用弹性地基梁模型分析地层变形对建筑物的影响。

2.3 建筑物变形安全控制标准分析

地铁盾构施工会引起建筑物地基变形，从而造成地表建筑物破坏，而建筑物的破坏可以用很多指标来衡量，如建筑物的倾斜值、裂缝宽度等。建筑物的破坏机理和破坏形态非常复杂，目前尚未形成建筑物变形破坏的统一控制标准。目前建筑物变形安全控制标准，大致可以分为刚性安全控制标准与柔性安全控制标准两类。

2.3.1 刚性安全控制标准

建筑物的变形破坏特征主要表现为沉降量、差异沉降值及裂缝等，一般可选择最大沉降量、差异沉降值、裂缝宽度三个指标作为建筑物变形安全的刚性控制标准。

1. 最大沉降量

建筑物基础最大沉降量是建筑物发生整体破坏的根源。为了保障地面建筑物的安全使用与环境稳定，国内一些城市综合国内外地铁工程的建设和管理经验，通常以$-30 \sim +10$mm作为地表沉降的控制标准，并作为地下工程开挖对地面环境造成影响的控制值。从当前工程建设的总体情况上看，将地面最大沉降量限定在30mm以内，对于大部分工程偏严，不利于成本的合理控制。根据王梦恕院士对众多工程实例的实地调研统计分析，大多数地铁工程施工的地表沉降值的变动范围为$40 \sim 120$mm；96.7%以上的地表沉降值均超过了30mm的控制标准，统计得到样本均值为79.76mm，样本方差为33.34mm。与此同时，在地铁工程施工的地表沉降均超过标准控制值的情况下，无论是对工程结构自身，还是对周边环境的安全性一般都不会造成很大的影响。

2. 差异沉降

差异沉降是引起建筑物发生破坏的内在原因，具体又分为局部倾斜和整体倾斜两种情形：局部倾斜是建筑物基础沿长度方向相距$6 \sim 10$m内的两点的沉降差值与该两点的距离的比值；整体倾斜值是指沿基础倾斜方向的基础两端点的沉降差值与该两端点距离的比值。根据《建筑地基基础设计规范》GB 50007—2011规定，砌体承重结构基础的局部倾斜应控制在2‰~3‰以内，多层及高层建筑物基础的局部倾斜应控制在2‰~4‰以内。建筑物允许的局部倾斜值详见表2-1。

建筑物的地基局部倾斜变形允许值　　　　表 2-1

变形特征		地基土类别	
		中、低压缩性土	高压缩性土
砌体承重结构基础的局部倾斜		0.002	0.003
工业与民用建筑相邻柱基的沉降差	框架结构	$0.002l$	$0.003l$
	砌体墙填充的边排柱	$0.0007l$	$0.001l$
	当基础不均匀沉降时不产生附加应力的结构	$0.005l$	$0.005l$
单层排架结构(柱距为6m)柱基的沉降量(mm)		−120	200
桥式吊车轨面的倾斜（按不调整轨道考虑）	纵向	0.004	
	横向	0.003	
多层和高层建筑的整体倾斜	$H_g \leqslant 24$	0.004	
	$24 < H_g \leqslant 60$	0.003	
	$60 < H_g \leqslant 100$	0.0025	
	$H_g > 100$	0.002	
体型简单的高层建筑基础的平均沉降量(mm)		200	
高耸结构基础的倾斜	$H_g \leqslant 20$	0.008	
	$20 < H_g \leqslant 50$	0.006	
	$50 < H_g \leqslant 100$	0.005	
	$100 < H_g \leqslant 150$	0.004	
	$150 < H_g \leqslant 200$	0.003	
	$200 < H_g \leqslant 250$	0.002	
高耸结构基础的沉降量(mm)	$H_g \leqslant 100$	400	
	$100 < H_g \leqslant 200$	300	
	$200 < H_g \leqslant 250$	200	

注：1. 本表数值为建筑物地基实际最终变形允许值；
　　2. 有括号者仅适用于中压缩性土；
　　3. l 为相邻柱基的中心距离（mm），H_g 为自室外地面起算建筑物高度；
　　4. 倾斜指基础倾斜方向两端点的沉降差与其距离的比值；
　　5. 局部倾斜指砌体承重结构沿纵向6~10m内基础两点的沉降差与其距离的比值。

3. 裂缝宽度

裂缝的发展是建筑物发生局部破坏的外在表现。Skemptonn 和 MacDonald (1956) 根据98个建筑物破坏形态的调查分析，提出建筑物的破坏以可见裂缝的出现为标志。同时，结合《民用建筑可靠性鉴定标准》GB 50292—2015 及上海市制定的建筑物破坏程度界定办法，将建筑物的破坏情况按裂缝发展特征划分为 6 个级别，如表 2-2 所示。

建筑物破坏程度与裂缝宽度特征　　　　　　　　　　　　　　表 2-2

破坏级别	破坏程度	破坏特征	裂缝宽度
0	可忽略	发丝状裂缝	不大于 0.1mm
1	非常轻微	很细小裂缝，一般在装修时即可处理，建筑物可能存在分散的轻微短缝，仔细观察可发现外部墙体上有可见裂缝	不大于 1.0mm
2	轻微	内墙上出现几处轻微裂缝；外墙裂缝可见，有些需要嵌缝以防风雨；门窗轻微倾斜	不大于 5.0mm
3	中等	裂缝需要清理并修补，重新生成的裂缝可以用适当的材料遮盖，外墙砖墙可能需要重砌，门窗倾斜；公共服务设施可能中断	5~15mm
4	较严重	门框、窗框、楼板显著倾斜，墙体显著倾斜或凸出，梁支承墙部分松脱，管道开裂	15~25mm，决定于裂缝数量
5	非常严重	梁支承端松脱，墙倾斜严重并需要加支承，窗扭曲断裂，有失稳的危险	通常大于 25mm，决定于裂缝数量

2.3.2　柔性安全控制标准

由于地面建筑种类繁多、结构等级各异，且地铁盾构穿越地层不同，若均用单一的刚性基准值进行安全控制，难免产生对于某些建筑物的安全控制过于保守，而其他建筑物又出现危害性沉降的弊端。为了保证建筑物安全控制值基准更加合理可靠，有必要结合建筑物自身与周围环境的实际情况，对安全控制基准做较深入的分析，针对具体工程情况给出相应的安全控制基准值，使其尽量适应各类建筑物的实际需求。这种相对灵活的安全控制标准，称为柔性安全控制标准，目前主要有以下三种计算方式。

1. 公式计算

应用 Peck 公式能计算出容许的地面最大沉降值 S_{max}，参见式（2-1）。一般近似认为，隧道开挖诱发地表沉降槽代表了地表及上部建筑物基础承受的最大开挖曲率变形。从保障地表建筑物安全的角度出发，地表局部倾斜控制标准 $[\delta]_{允许} = 3‰$。基于此，并结合沉降槽的最大倾斜点，采用求导计算使其达到地面建筑物的安全要求，最终得到容许的地表沉降值。这种基于 Peck 公式的计算方法比较简单，但缺乏对建筑物基础及其上部结构等因素的考虑，是一种近似计算方法。

2. 解析法

解析法主要考虑地层的变形特点，将地层作为弹性、弹塑性和黏弹性体进行理论求解，比较典型的是基于随机介质理论的解析计算方法。1957 年波兰学者 J. Litwiniszyn 基于砂箱模型实验建立了随机介质理论。该理论假定隧道地层各向同性，隧道开挖的影响可以看成许多微元体开挖的影响总和，当开挖微元体，微元体产生的线沉降的计算见式（2-2），隧道开挖地层横截面的沉降曲线的计算见式（2-3）。随机介质理论自提出以来，经过多年发展，其理论逐步完善，并开始应用于地铁工程（北京及深圳等地），获得了全套计算公式，并编制了相应的程序。

$$S_e(x,y,z)=\frac{1}{r^2(z)}\exp\left[-\frac{\pi}{r^2(z)}(x^2+y^2)\right]d\xi d\zeta d\eta \quad (2-2)$$

$$S_e(x,z)=\frac{1}{r(z)}\exp\left[-\frac{\pi}{r^2(z)}x^2\right]d\xi d\eta \quad (2-3)$$

3. 数值模拟

采用数值模拟分析的方法确定建筑物安全控制标准的基本思路是：首先，对建筑物施加一定的变形或位移，作为建筑物在外界影响下出现的不同程度的响应；其次，为保证建筑物的安全，该响应的大小以不超过建筑物的容许承载能力（即不使建筑物发生破坏）为原则；在多次数值仿真模拟过程中，建筑物恰好出现破坏时所施加的变形或位移值，即可作为建筑物的安全控制标准值。根据建筑物实际情况不同，基于数值模拟的安全控制标准估计方法又可细分为简化处理与复杂处理两个类别。对于一般建筑物（包括砌体结构、钢筋混凝土结构），通常可以将其简化为在集中荷载力作用下的跨度为 L，高度为 H 的梁的变形，但这种简化处理方式没有考虑实际的建筑物层数的影响。对于重要建筑物需要按其实际情况建立三维有限元建模并进行数值分析，如滕红军以厦门市机场路一期工程重点建筑物 34 号楼为例，利用上述复杂处理方法计算得到 34 号楼的安全控制标准值，该安全控制标准值与现场实验计算的结果较为接近，从而验证了基于数值模拟分析确定的安全控制标准的有效性与可行性。

2.3.3 安全控制标准的经济性分析

目前，我国尚没有建筑物变形安全控制的统一划分标准。如上所述，建筑物的刚性与柔性安全控制标准对于工程实际中建筑物的保护控制各具特色，应从优点、缺点和适用范围等角度对这两类安全控制标准进行比较分析，见表 2-3。总体来看，这两类安全控制标准对于经济性的考虑均较少，其中，刚性安全控制标准因过于严格、单一，考虑到建筑物种类繁多、结构形式各异、隧道穿越地层不同，若均用同一刚性基准值进行控制，难免产生某些建筑物的安全控制过于保守，不利于成本控制，容易造成较大经济损失；柔性安全控制需要针对特定的建筑物进行单独的建模分析计算，耗时耗力，经济成本高，一旦涉及多个邻近建筑或整个建筑群的分析，往往表现出极大的不经济。

综上分析，刚性安全控制标准适用于一般建筑物或建筑群的整体安全分析与控制，而柔性安全控制标准适用于重要或较高风险等级的建筑物的安全分析与控制。考虑到成本经济性与合理性的要求，有必要对建筑物刚性与柔性安全控制标准进行统筹和综合利用。工程实践中，地铁隧道工程大多下穿建筑物密集的城市中心区，地铁盾构施工周围建筑物安全保护往往涉及多个建筑物甚至整个建筑群的安全评价与控制。基于此，在决策设计阶段建筑物安全风险辨识与评价中，可以按照刚性安全控制标准对地铁盾构施工影响范围内的建筑群进行整体的安全风险评价，得到单栋建筑物的安全风险等级；而在实际施工阶段风险应对与控制过程中，对于安全风险等级较高的特定建筑物，进行有针对性的重点分析，得到切合工程实际情况的柔性安全控制标准及其相应的安全控制措施。

刚性与柔性安全控制标准比较　　　　　　表 2-3

标准类型	优点	缺点	适用范围
刚性控制标准	简单、实用，便于推广	过于严格，个别控制指标（如最大地表沉降 30mm）因过于保守会造成较大的经济损失	一般建筑物或建筑群的整体安全分析
柔性控制标准	灵活、针对性强，更加符合工程实际	模拟计算耗费大量时间，经济成本较高，不适宜普遍推广	重要或较高风险等级的建筑物的安全分析

2.4　地铁盾构施工邻近建筑物安全管理流程

地铁盾构施工对邻近建筑物的影响机理复杂，目前对于邻近建筑物的保护，大多采用经验公式、解析法、数值法等经典方法，主要集中在施工过程中邻近建筑物的安全加固与管理，忽略了决策设计阶段建筑物安全辨识与评价，且很少考虑成本因素。加上建筑物结构形式复杂与种类繁多，目前尚未形成系统全面的地铁盾构施工邻近建筑物安全管理流程。本书基于地铁盾构施工对周围地层及邻近建筑物的安全影响分析，从决策设计与实际施工阶段邻近建筑物安全保护的角度出发，基于大量地铁工程实践，提出一套系统全面的地铁盾构施工建筑物全面安全管理流程，如图 2-5 所示。该安全管理流程具体包括施工影响范围确定、建筑物环境调查、建筑物安全分析与评价、建筑物安全现状评估、建筑物安全控制管理措施等步骤。其中，建筑物安全分析与评价是关键步骤，该步骤下决策设计阶段建筑物安全预评价与施工阶段建筑物实时动态评价，是制约建筑物整个安全管理有效性的核心环节。

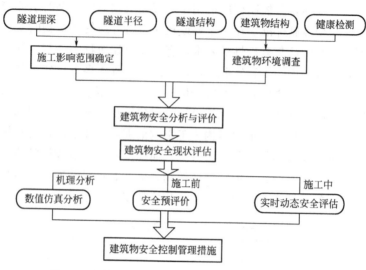

图 2-5　地铁盾构施工邻近建筑物全面安全管理流程

2.4.1　盾构施工影响范围确定

地铁盾构施工影响范围的确定是一个复杂问题，其中，隧道埋深和尺寸、开挖方法及地层条件是决定性因素。通常情况下，隧道埋深越深，诱发地表产生的沉降值越小，但施工影响范围相对较大（沉降槽宽度增大）；当隧道开挖断面尺寸越大、开挖方法越复杂、地层条件越差时，对周边影响程度越大，地层变形的控制难度也越大。

为了提出一种合理确定地铁盾构施工影响范围的方法，众多学者进行了大量的探索与实践。王占生和王梦恕（2002）提出，地铁盾构施工的影响范围可划分为受影响区和不受影响区：对不受影响区的建筑物其受地铁盾构施工影响程度可忽略不计，而部分或全部位于受影响区的建筑物则有必要对影响程度进行判断，对受影响程度大的建筑物需要采取相应的处理措施。然而，对具体影响区域的划分仍然没有统一标准。工程实际中，一般将建筑物基础底部向下卧层地基土扩散附加应力的有效范围认定为受影响区。这种受影响范围的确定方法需要结合工程地质情况进行合理划分，较为繁琐。施仲衡等结合地铁盾构施工实际，提出一种简单实用的地铁盾构施工影响范围划分方法，认为地铁盾构施工过程中基底压力按45°方向向下扩散，将影响范围划分为Ⅰ、Ⅱ、Ⅲ三个区域，设定影响范围边线在隧道扰动区外，如图2-6所示。Ⅲ区为不受影响区域，对该区域内建筑物不做处理；Ⅰ、Ⅱ区为受影响区域，其中，对于Ⅰ区的建筑物需要采取托换、加固等措施进行安全保护；对于Ⅱ区的建筑物会受到影响，但通常不会对安全和正常使用造成影响。由图 2-6 可得，当隧道埋深较大时，受影响区域Ⅰ、Ⅱ区会相应扩大，这跟实际深埋地铁盾构施工对地表及地表建筑物的影响相对有限存在一定程度不符。吴贤国等（2008）结合武汉长江隧道工程，基于 Peck 公式测算长江隧道盾构施工诱发地表沉降槽的单侧宽度约为 25m。保守起见，将隧道左右线中心线两侧各 45m 区域作为盾构施工影响范围，尤其是对隧道左右线 30m 以内的地面建（构）筑物进行详细调查。这种基于 Peck 公式的影响区域划分方法较为精确、合理，在工程实践中得到广泛应用。

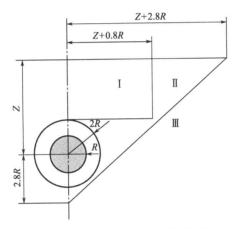

图 2-6　地铁盾构施工影响范围划分

2.4.2　建筑物环境调查

地铁盾构施工时引起邻近建筑物安全风险的大小和隧道工程条件以及建筑物现状条件等因素相关。根据上一步骤确定的地铁盾构施工的影响范围，进一步对施工影响范围内的邻近建筑物进行调查分析，具体包括以下三个方面的内容。

1. 隧道基本情况调查

隧道基本情况调查主要为：收集隧道施工区域工程地质、水文地质、结构设计、施工组织设计等资料，并对所收集资料进行研究，初步掌握隧道工程的地质情况、埋深、结构形式、施工方案以及存在的工程环境风险等。对影响区域内重点风险源进行现场踏勘。结合所收集资料和现场勘查情况，对资料和文件进行系统分析，绘制隧道工程地质剖面图、隧道平面图和剖面图，进一步了解地铁盾构施工方法及具体施工方案。

2. 建筑物基本情况调查

建筑物基本情况调查包括建筑物名称、位置、用途、层数、建造时间、结构类型、基础类型、基础深度、尺寸及其与隧道的相对位置关系，并绘制建筑物平面、立面以及与隧道结构水平及竖向位置关系图。其中，建筑物基础的调查是重点，且在调查过程中对资料进行对比验证核实，确保建筑物基础资料的准确性。

3. 建筑物结构健康现状检测

建筑物抵抗外界变形的能力与其结构健康现状存在正关联性。既有建筑物从施工到使用过程期间，混凝土或钢结构的重点部位的受力与变形会受风荷载和温度变化等影响，进而影响建筑物的结构健康与稳定性。建筑物结构健康现状检测内容具体包括裂缝检测、结构探查以及变形测量等方面，以此估算建筑物剩余变形能力，了解建筑物尚能承受多大的附加变形和荷载。

2.4.3 建筑物安全分析与评价

地铁盾构施工过程中大部分环境因素是随时间与空间而不断变化更新的，使得地铁盾构施工诱发邻近建筑物安全管理是一个复杂的动态决策系统。

1. 建筑物安全现状评估

（1）建筑物现状安全性评估依据

建筑物现状评估的依据主要参见现行的相关国家标准、规范或规程。

（2）建筑物的现状安全性评估步骤

① 受理委托：根据委托人的要求，确定建筑物现状评估范围和内容；

② 初始调查：收集调查和分析建筑物原始资料，并进行现场查勘和记录（文字、照片），经分析，初步确定需要详细调查和评估的建筑物，必要时进行补充调查；

③ 检测验算：对选定的建筑物现状进行现场检测，必要时，采用仪器测试并做结构验算；

④ 确定安全等级：对调查、查勘、检测、验算的数据资料进行全面分析，确定建筑物安全性等级；

⑤ 编写评估报告。

（3）建筑物现状安全性评估范围及内容

① 建筑物安全现状评估的范围

根据轨道交通施工的影响范围以及建筑物在轨道交通施工过程中可能遭受的破坏，确定被评估的建筑物。对于区间隧道，原则上为隧道中线左右各30m范围内的建筑物；对于车站，车站中线左右各50m范围内的建筑物均应进行评估。对于轨道交通施工邻近的每一幢建筑物，应根据建筑物与轨道交通结构的位置关系，建筑物的性质、基础形式、重要性、使用状况等方面，进行综合判断，确定该建筑物是否应进行安全现状的评估。

② 建筑物安全现状评估的内容

建筑物安全性评估内容包括四部分：地基基础、上部结构承载力的验算及评估；结构变形；裂缝；构造与连接。

根据建筑物安全性鉴定的相关规范、规程判断建筑物的现有安全等级。

(4) 建筑物一般状况初始调查及详细调查

① 建筑物的一般状况及环境初始调查内容

a. 设计图和竣工图、工程地质报告（对于以前没有或缺少的资料，必要时须进行补勘）、历次加固和改造设计图、事故处理报告、竣工验收文件和检查观测记录；

b. 原始施工情况（原始施工资料）；

c. 建筑物的使用条件；

d. 根据已有的资料与实物进行初步核对、检查和分析；

e. 填写初步调查报告；

f. 制定详细调查计划。确定必要的实测、试验和分析等的工作大纲。

② 建筑物的详细调查内容

a. 地基基础的检查，必要时通过开挖探坑检验基础类型、材料、尺寸及埋置深度，检查基础开裂、腐蚀或损坏程度。判定基础材料的强度等级。对倾斜的建筑应查明基础的倾斜、弯曲、扭曲等情况。对桩基应查明其入土深度、持力层情况和桩身情况；

b. 使用条件的调查：包括结构上的作用、使用环境和使用历史。

c. 结构上的作用、作用效应及作用效应的组合的调查分析，必要时进行实测统计；

d. 结构材料性能和几何参数的检测和分析，结构构件的计算分析、现场实测，必要时进行结构检验；

e. 建筑物结构功能及建筑构造的检查；

f. 建筑物与轨道交通工程的位置关系图。

此外，根据建筑物结构类型，对地基基础和上部结构进行调查和检测，尤其是钢筋混凝土结构构件、砌体结构构件、木结构构件、钢结构构件。具体的检测参见相关的标准、规范、规程。

(5) 建筑沉降变形与既有承载力估算

① 基础既有沉降的估算

推算基础工前沉降（或差异沉降），根据《建筑地基基础设计规范》GB 50007—2011，并配合基础的测量方法，对建筑物进行倾斜测量，推算建筑物工前差异沉降。

② 建筑物既有承载力的估算

根据结构基础的沉降（或差异沉降）值对建筑物进行简化计算。对一般建筑物的破坏进行评估可以采用简化的方法，将建筑物简化为在集中荷载力作用下的理想的跨度 L，高度 H 的梁，这是目前广泛使用的一种评估方法。木结构建筑物结构荷载的计算不同于一般建筑物计算，它应借助于现有的结构分析软件进行计算。在建立柱基础的沉降量、水平位移量与结构受力变形之间的关系时，应当对木结构建筑物进行简化。

③ 建筑物工前剩余变形预测

根据对建筑物上部结构承载力的分析，评估结构的抗变形能力；在结构检测、材料退化评估、基础工前沉降和承载力估算、上部结构承载和变形的基础上，确定轨道交通施工前剩余沉降（差异沉降）的建议值。对于特殊性质的建筑物，如独立柱基的木质建筑物，还应确定其柱基之间水平位移（或相对水平位移）的控制值。

（6）建筑物安全等级

根据初步调查的结果，划分建筑物的完损状态、重要程度以及风险初步评估，见表 2-4～表 2-6。

建筑物完损状态等级表　　　　　　　　　　　　表 2-4

完损等级	特征描述
完好	建筑物建造时间很近(≤5 年)；房屋结构安全,结构承载力能够很好地满足正常使用要求
基本完好	建筑物建造时间较近(6～10 年)；房屋主体结构安全,结构承载力能够较好地满足正常使用要求
一般损坏	建筑物建造时间适中(11～20 年)；结构承载力基本能够满足的正常使用要求,局部产生裂缝
严重损坏	建筑物建造时间较远(20～30 年)；部分承重结构承载力已经无法满足正常使用要求,主体强度不足
危房	建筑物建造时间很远(＞30 年)；承重结构承载力已完全不能满足正常使用要求,房屋不能保证安全使用

建筑物重要程度等级表　　　　　　　　　　　　表 2-5

重要等级	类别描述
特别重要	国家级重点项目、特高级大型公共建筑物；具有重大纪念意义、历史意义或技术要求十分复杂的中小型公共建筑物；30 层以上建筑
很重要	高级、中高级大型公共建筑；具有区域性历史意义或者技术要求较复杂的中小型公共建筑；16～29 层或高度超过 50m 的公共建筑
一般重要	中高级、中级公共建筑；7～15 层的有电梯或框架结构的建筑

续表

重要等级	类别描述
次要	一般中小型公共建筑;7层以下无电梯及砖混建筑
较不重要	1~2层单功能、一般小跨度建筑

建筑物安全现状调查风险初步评估等级划分　　　表2-6

风险等级	一	二	三	四	五
基础形式	桩	钢筋混凝土	毛石混凝土/素混凝土	条石	砖混/条石
完损现状	完好	基本完好	一般损坏	严重损坏	危房
结构形式	混合结构	混凝土结构	砖混结构	木结构	金属框架
外界环境	很好	良好	一般	较差	恶劣
位置关系	极邻近	非常邻近	邻近	较邻近	不邻近
重要程度	特别重要	很重要	一般重要	次要	较不重要

注：风险等级从一级至五级逐渐增加。

(7) 建筑物现状安全性评估报告

建筑物现状安全性评估报告应该包括下列内容：

① 建筑物的概况；

② 鉴定的目的、范围和内容；

③ 检查、分析、鉴定的结果；

④ 结论与建议。

结论中应该包括建筑物安全等级以及建筑物的剩余变形能力，对于剩余变形较小的建筑，在建议中应该有具体的建筑物加固措施。

2. 邻近建筑物数值仿真安全评价分析

在分析和评价周边建筑物和施工环境的基础上，以盾构施工中的主要参数如相对埋深、相对位置、基础类型、掘进泥水压力等进行三维有限元仿真建模，分析盾构施工中哪些参数对建筑物变形起决定作用。在分析不同基础类型时，通过对隧道的不同埋深和隧道与建筑物不同相对位置分析参数变化对建筑物基础沉降变化规律的影响，主要包含了建筑物与隧道不同位置关系对建筑物的影响、隧道不同埋深对建筑物基础的变形影响、建筑物对掘进泥水压力基础变形的反应程度；分析参数变化对建筑物沉降的影响规律，找出合理的盾构施工参数。进一步针对风险评价等级高的建筑物进行数值仿真分析。

3. 邻近建筑物安全预评价分析

在城市隧道工程决策设计阶段，由于知识信息的不对称性，项目决策人员（包括项目业主及施工单位等）缺乏对邻近建筑物实际安全状况的全面认识。尽管意识到地铁盾构施工邻近建筑物存在较大的潜藏风险，但对风险量具体多大并没有足够的了解。因此，有必要在隧道工程决策阶段，对施工影响范围内的建筑群进行安全预评价，初步了解每栋建筑物的安全风险等级，并对地铁盾构施工引起的邻近各建筑物的安全风险进行排序，针对不同风险等级的建筑物给出对应的安全控制措施。这样可为决策设计阶段地铁盾构施工前期风险源排查，以及确定合理的施工与加固保护措施提供依据。

邻近建筑物安全预评价涉及地质、施工方法、环境、管理等因素，这些影响因素存在大量的不确定性及关联性，影响了实时分析与判断地铁盾构施工中的建筑物变形安全状态。本书提出了一套完整的基于物元理论的地铁盾构施工环境中邻近建筑物安全评价的模型及其求解算法，可对地铁盾构施工环境中的邻近建筑物进行安全预评价与决策。

常用的概率论和模糊集理论等仅能单独处理模糊不确定性或随机不确定性，并且一旦使用隶属函数来对模糊知识进行精确描述，就会丧失知识的模糊特性。考虑到传统概率论与模糊集理论的不彻底性，本书选用在处理应对模糊随机不确定性方面具有独特优势的模糊物元理论。首先基于风险机理分析获取相对全面的安全致险因素集合，统筹考虑多源信息中的模糊性与随机性等不确定性因素，研究多源致险因素的属性区间划分、模糊随机不确定性的表达及处理简化技术，探讨具有随机性和模糊性的客观现象的普遍规律；结合模糊物元理论在表征数据变量的灵活性及综合评价方面的优势，提出一套完整的基于模糊物元理论的地铁盾构施工环境中邻近建筑物安全评价的模型及其求解算法，对地铁盾构施工环境下邻近建筑物进行安全预评价与决策。结果显示本方法可以直接使用原始数据，省去了传统综合评价中数据归一化处理过程，避免了可能出现的信息丢失，具有计算结果准确、适应性强、便于编程实现等优点。

4. 邻近建筑物实时动态安全评价分析

地铁盾构施工过程中，由于关联的施工影响参数会随着盾构机械掘进的时空效应不断变化，邻近建筑物的安全保护是一个动态的管理过程。因此，有必要对施工影响范围内的邻近建筑物开展实时动态安全评价分析。传统的层次分析法、安全检查表法、事故树及决策树等安全评价方法，难以反映时空变化对邻近建筑物安全风险演化的实时更新作用机制，在解决动态的风险评价决策问题时受到较多局限。本书选用对时空变化敏感的贝叶斯网络，对地铁盾构施工过程中邻近建筑物实时安全管理这一复杂问题进行贝叶斯网络建模、分析、验证及运用推理，实现事前、事中及事后邻近建筑物变形实时动态安全控制，并针对安全评价分析结果，实时给出相应的建筑物安全保护建议。

（1）建立适用于盾构施工建筑物安全贝叶斯网络模型

在地铁盾构施工诱发邻近建筑物变形机理分析的基础上，对这一复杂系统进行贝叶斯网络建模。隧道开挖施工诱发邻近建筑物变形的影响因素主要包括隧道设计参数、土体性质、建筑物因素以及施工管理因素。在地铁盾构施工阶段，施工管理因素主要为对盾构机械参数合理性的控制。盾构机械参数控制的合理性对整个隧道工程施工及其周围环境的安全性具有至关重要的作用。盾构机械参数主要包括推进力、推进速度、刀盘扭矩、刀盘转速、切口水压力、土仓压力、注浆压力、注浆量等。这些参数对于地铁盾构施工工艺及工程地质、水文地质环境非常敏感，在掘进过程中需要根据实际情况选择合适的掘进参数。

结合贝叶斯网络模型设计思路，在地铁盾构引起地表建筑物沉降的致险机理分析基础上，整合事故树及专家经验等先验知识得到地铁盾构引起地表沉降的贝叶斯网络拓扑结构，构建地铁盾构施工诱发邻近建筑物安全贝叶斯网络模型；然后，可对该安全贝叶斯网络模型进行参数学习，得到网络中各中间节点的条件概率表。

（2）提出建筑物安全贝叶斯网络模型有效性检验的衡量指标及其判定标准

由于贝叶斯网络结构学习与参数学习不同程度受到主观不确定性的影响，有必要在贝叶斯网络决策模型用于指导实践之前进行有效性检验。同时，由于贝叶斯网络的预测结果为概率分布，而不是某一实际可测变量值，导致实践检验过程缺乏统一的数据分析比较基础，增加了贝叶斯网络模型有效性检验的困难，目前缺少该方面研究。本书提出用矢量形式表征地铁盾构施工诱发地表变形的预测值与实测值，为预测值与实测值的比较分析提供统一的数据基础，并提出模型准确性与可靠性两个指标及其判定标准，用于贝叶斯网络模型的有效性检验，消除安全贝叶斯网络决策模型结构学习与参数学习中受模糊随机不确定性影响存在的偏差，保障安全贝叶斯网络决策模型用于指导实践的合理性。

（3）提出基于贝叶斯网络的地铁盾构施工诱发邻近建筑物安全不确定性推理与实时预警方法

地铁盾构施工诱发邻近建筑物变形安全是一个受时空变化影响的复杂动态系统，传统的综合评价法、事故树、神经网络等安全分析方法难以反映时空因素变化对风险实时更新的记忆效应。本书采用对时空演化敏感的贝叶斯网络进行地铁盾构施工邻近建筑物变形安全管理决策建模，结合地铁施工诱发邻近建筑物变形安全及相关灾害伴随着事前、事中及事后各阶段致险因素的动态演化等特征，提出基于贝叶斯网络的地铁盾构施工诱发邻近建筑物变形安全实时动态预警控制方法，事前阶段运用正向推理实时分析邻近建筑物变形安全在时间序列上的风险演化趋势，及早界定警情等级，加强防范；事中阶段运用重要度分析辨识关键致险因素，实时了解动态的安全控制重点；事后阶段运用反向推理技术快速诊断查明最可能致因组合，减少事故诊断的盲目性，及时阻止事故进一步恶化，实现地铁盾构施工阶段邻近建筑物全过程动态安全风险管理与控制。

2.5 轨道交通施工邻近建筑物的安全风险管理

2.5.1 轨道交通邻近建筑物的安全风险等级划分方法

1. 安全风险等级划分目的

安全风险等级划分的目的是：为制定轨道交通施工时邻近建筑物沉降（或差异沉降、水平位移）控制标准、防护与加固措施提供依据；为轨道交通线路、轨道交通结构形式、施工方案等选择提供依据。

2. 划分安全风险等级所依据的主要因素

（1）邻近建筑物基础与轨道交通结构的空间位置关系（如为桩基础，则注明桩基础底端与轨道交通结构高度的相对位置，基础与轨道交通结构的水平净距；对条形基础，则需注明基础与轨道交通结构的水平位置关系——平行、垂直和斜交，并注明其与轨道交通结构的水平净距）；

（2）建筑物的性质（文物古建筑、木结构、砌体结构、钢筋混凝土结构以及钢结构）；

（3）建筑物本身的重要性和设计使用年限；

（4）建筑物基础类型（桩基、条形基础、筏板基础、箱形基础）；

（5）受委托的房屋鉴定机构对建筑物的现状等级划分；

（6）邻近建筑物抵抗附加变形（包括沉降或差异沉降以及水平位移）与荷载的剩余能力；

（7）建筑物基础附近工程地质与水文地质条件；

（8）轨道交通结构的跨度和施工方法。

3. 安全风险等级划分步骤

（1）根据邻近建筑物与轨道交通结构的空间位置关系以及建筑物的基础形式，划分轨道交通与建筑物的邻近等级；

（2）根据建筑物的邻近等级，结合建筑物的性质、建筑物的重要性与使用年限，确定是否对建筑物结构进行评估及评估等级；

（3）确定邻近建筑物的调查与评估内容；

（4）对邻近建筑物的现状、邻近建筑物抵抗附加变形（包括沉降、差异沉降以及水平位移）和附加荷载的能力进行评估；

（5）根据建筑物的邻近等级、安全现状调查与评估结果（以受委托机构出具的建筑物安全鉴定等级为准）确定邻近建筑物的风险等级；

（6）综合考虑轨道交通结构的跨度与施工方法、工程地质与水文地质条件，对邻近建筑物的风险等级进行修正。

4. 轨道交通邻近建筑物的邻近等级划分（表2-7）

轨道交通隧道施工时建筑物的邻近等级是建筑物与轨道交通结构空间邻近关系的定性描述，是评价建筑物安全性的基础。建筑物与隧道的邻近等级取决于二者的接近距离，反映为平面上两者的位置关系、距离大小以及空间上隧道穿越建筑物的方式，上述因素都将直接影响建筑物受损害的程度。一般来说，建筑物与隧道越邻近，受隧道施工的影响越严重。

建筑物邻近等级的划分　　　　　　　　　　表2-7

邻近等级	邻近等级划分指标
极邻近	建筑物结构横跨轨道交通结构中线
非常邻近	建筑物结构横跨轨道交通结构中线与结构边沿之间
邻近	建筑物结构在轨道交通结构中线一侧且跨结构边沿
较邻近	建筑物结构在轨道交通结构边沿之外，但在轨道交通施工影响范围之内
不邻近	建筑物结构在轨道交通结构边沿之外，且在轨道交通施工影响范围之外

备注：上面的分类比较粗糙，对于桩基础的建筑物，尚需要根据桩基础的形式、桩的类型、桩的长度等做进一步研究（可单独将桩基础的建筑物进行邻近等级划分）

5. 邻近建筑物的评估深度划分与确定

（1）评估深度划分（表2-8）

建筑物的评估深度与评估要求　　　　　　　表2-8

评估深度	评估要求
只调查，不评估	由施工单位自行对建筑物现状进行调查，不评估
初步评估	为了避免大量复杂和不必要的计算，对轨道交通沿线施工影响范围内大量的建筑物进行初步评估。初步评估主要以每幢建筑物所处地表的最大倾斜和最大沉降为基础
第二次评估	建筑物的沉降或倾斜超过了初步评估确定的范围时，需进行第二次评估。第二次评估是将一个建筑物的正面用一根梁来表示，并假定其基础随地基一起移动，用随之产生的极限拉应变来划分相应的潜在破坏种类或风险级别
详细评估	详细评估是根据第二次评估结果对高风险的建筑物进行的评估。这个方法是第二次评估的改进，在此评估中，对建筑、隧道工程及施工方法的具体特点要详细考虑

（2）邻近建筑物评估深度确定

对于邻近等级为"极邻近"的建筑物，必须进行详细评估；

对于邻近等级为"非常邻近"或"邻近"的建筑物，可进行第二次评估；

对于邻近等级为"较邻近"的建筑物，可进行初次评估；

对于邻近等级为"不邻近"的建筑物，一般可以只调查，不评估。

说明：上述是根据建筑物的邻近等级来进行评估，具体情况可以根据建筑物的性质、重要性等因素进行等级的调整。

6. 轨道交通施工对建筑物影响的风险等级划分

（1）以建筑物的邻近等级为基本依据，并结合邻近建筑物现状评估结果，将轨道交通施工对建筑物影响的风险等级划分为"风险很大、风险大、风险一般、风险较小"四个等级。

① 当建筑物的邻近等级为"极邻近"或"非常邻近"时，不论建筑物现状评估结果如何，其风险等级为"风险很大"；

② 当建筑物的邻近等级为"较邻近"和"邻近"时，应根据现状评估结果来确定其风险等级，可划分为"风险大"或"风险一般"；

③ 当建筑物的邻近等级为"不邻近"时，不管建筑物现状评估结果如何，其风险等级为"风险较小"。

（2）风险等级划分说明

① 上述风险分级为基本分级，适用于轨道交通区间隧道、渡线隧道和车站的轨道交通施工；

② 具体轨道交通工程的邻近建筑物风险等级划分应在基本分级的基础上综合考虑隧道跨度、施工方法、地质条件等因素进行修正。

说明：上述风险等级的大小基本上是以建筑物的邻近等级来划分的，在实际中，风险等级可根据具体情况进行适当的调整。

2.5.2 地铁盾构邻近建筑物的安全风险等级划分及控制

1. 邻近建筑物安全风险等级划分

地铁盾构施工邻近建筑物安全管理是在建筑物安全风险等级评判的基础上，加强了解各个邻近建筑物的安全风险等级，及其可能发生的变形破坏和可能性，划分邻近建筑物安全风险等级，并为不同风险等级的建筑物提供有针对性的安全管理与应对措施。

建筑物本身具有一定的安全系数，当建筑物产生的变形超过其所能抵抗的最大变形时，建筑表现出可以观察到的损害。建筑物的损害程度，是划分建筑物破坏等级和保护标准的主要因素。目前国内外评定地铁盾构施工对建筑物的破坏程度，多采用地表沉降、地表倾斜、水平变形等指标。20世纪60年代，我国煤炭工业部制定了地下采矿影响建筑物保护等级的划分规范。该规范具有较强的业界权威力，但由于出台较早，只针对砖石结构建筑物，对于目前更普遍的框架结构等没有涉及。2016年住房城乡建设部在广泛调查的基础上,参考有关国际先进标准,制定《危险房屋鉴定标准》JGJ 125—2016,提出基于模糊集理论建立建筑物危险评判模型,结合建筑物地基基础、上部承重结构和围护结构中危险点的数量与分布,将建筑物的危险等级划分为A、B、C、D四个等级。同时,也有很多学者从建筑物基础位移及可能出现的开裂情况出发,将既有结构物可能受到的破坏分为五个综合等级。

从大量的工程实例来看,建筑物破坏形态主要表现为裂缝开展情况以及建筑物倾斜情况,参考国内外规范、大量工程经验和计算分析,本书提出建筑物变形风险等级的描述及其划分标准,见表2-9。该标准适用于一般建筑物的安全破坏分析与保护,可作为隧道工程决策设计阶段邻近建筑物安全预评价的参考标准。对于施工过程中地铁盾构诱发邻近建筑物实时动态安全评价,其主要研究对象为重点关注的重要建筑物,该重要建筑物一般是经安全预评价辨识得到的处于高风险的邻近建筑物。考虑到刚性安全控制标准对实际特定的建筑物的安全保护过于保守,可结合特定建筑物的实际情况,对表2-9有关的刚性安全控制标准进行适当调整,拟定相适应的柔性安全控制标准,作为特定建筑物的安全控制依据。

建筑物变形风险等级及其划分标准　　　　表2-9

风险等级	可能的破坏描述	地表变形值			筑物倾斜率(%)
		地表沉降(mm)	倾斜(mm/m)	水平变形(mm/m)	
一级(可忽略破坏)	允许墙上出现一些很小的无危害的裂缝,如建筑物抹灰有细裂纹	≤20	≤3.0	≤3.0	≤0.2
二级(美观性损坏)	允许墙上出现一些容易修理的较小裂缝,门窗启闭有轻微不灵活感	≤30	≤5.0	≤3.0	≤0.4
三级(功能性损坏)	允许墙上出现一些易修理的较大裂缝,如能够在建筑物外见到小裂缝,门窗卡紧,上下水管道可能断裂	≤40	≤8.0	≤5.0	≤0.7
四级(结构性损坏)	允许墙上出现一些可修理的破坏,如结构物开裂、门窗柜变形、地板明显倾斜、墙壁明显歪斜或鼓起、屋顶隆起、墙砌体产生水平裂缝而鼓起	≤60	≤12.0	≤7.0	≤1.0
五级(结构性损坏)	地表出现较大的裂缝塌陷,较四级的破坏更厉害,屋顶和墙壁严重弯曲和隆起	>60	>12.0	>7.0	>1.0

2. 邻近建筑物安全风险控制措施

结合上述分析，将地铁盾构施工诱发邻近建筑物的安全风险划分为"一级～五级"五个级别，见表2-10，风险级别越高，建筑物的安全风险越大。针对不同安全风险等级的邻近建筑物，为保障邻近建筑物的使用安全，需要采取相应的风险减缓或规避措施。

不同安全风险等级邻近建筑物保护控制措施　　　　表2-10

风险等级	风险态度	建筑物保护控制措施
一级	风险可忽略	施工前建筑物不需要保护，不做加固保护处理
二级	风险可接受	1.可不做主动加固处理，通过合理的施工方案和施工组织控制地层位移；2.充分考虑隧道前方地质情况以及地面情况，合理设置土压力值，穿越建筑物时，应控制盾构机的推进速度及总推力，尽量减少土层扰动；尽量保证不在穿越建筑物时中途换刀，确保一次性通过
三级	风险不期望出现	1.遵循"边加固、边施工"的原则，除了对隧道施工措施进行控制外，还需要对既有建筑物与隧道之间的地基进行加固；2.建筑物与隧道之间的地基加固措施有如下三种思路：①强化隧道周边地层；②强化既有结构物的支承地基；③隔断伴随隧道开挖所产生的地基变形
四级	风险不期望出现或者不可接受	1.遵循"边加固、边施工"的原则，除了控制隧道施工措施外，还需要对既有建筑物与隧道之间的地基、建筑物本身进行加固控制；2.在施工过程中对建筑物的居民进行临时安置，并加强地层与建筑物沉降变形的监控量测；3.可直接加固既有建筑物以增加其刚度，对建筑物的基础或地基进行托换
五级	风险为不可接受	1.应尽可能地进行规避，可拆除既有建筑物，或者对隧道线路走向进行调整，使得隧道避开危险建筑物；2.如遇到文物建筑，与有关文物保护单位商定具体保护方案

2.5.3 建筑物安全风险控制管理

1. 风险点专项监控量测

监控量测是地下工程信息化设计、施工必不可少的手段。由于地铁盾构施工会导致其影响范围的建筑物出现裂缝、倾斜，甚至倒塌。因此，应将建筑物的监控量测作为一个重要的工序纳入建筑物的风险评估中。在地铁盾构施工过程中，必须对土建施工全过程进行监测，及时提供监测信息和预报，以便评估地铁盾构施工对建筑物的影响程度，预报可能发生的安全隐患。在监测过程中，对各监测项目的监测值可采用预警值、报警值、极限值三个等级进行控制。

（1）预警值是在保证建筑物不产生破坏的前提下所能达到的最大差异沉降

值，指标的预警值取为极限值的 60%；

（2）报警值是当沉降过大或过快接近控制值时的临界值，应采取必要措施和手段进行预防，指标的报警值取为极限值的 80%；

（3）极限值是指施工过程中所能到达的最大沉降（或差异沉降、水平位移）控制值，超过这个值，建筑物结构发生破坏。任意指标到达或接近极限值时，应立即停止施工，报专家组进行论证分析，确定具体措施；

（4）当指标小于预警值时，施工可顺利进行；

（5）当任意指标超过预警值时，应及时采取必要措施减小沉降（或差异沉降）；

（6）当任意指标超过报警值时，应及时组织专家进行论证分析，并采取相应防护措施，确保建筑物结构安全。如果地铁盾构结构邻近有风险很大的建筑物，应对该建筑物进行专项监控量测方案设计。

2. 施工过程控制

确定了各个桩基的沉降（水平位移）控制标准以后，先选择最优的施工工法及辅助施工工法，在此基础上，进行施工过程的沉降控制，保证沉降在控制范围之内。

（1）施工工法的优化

选择几种可行的施工工法（包括现有的设计单位提出的施工工法）进行数值模拟计算，确定最佳的施工工法；在需要增加辅助措施时，还应确定最佳的辅助工法。

（2）变位分配措施

变位分配原理的应用在于严格控制每一施工步骤的地表沉降值或水平位移值，从而使地表总沉降值和水平位移值在控制标准内。①提出总的沉降控制值标准；②提出每一道工序的沉降控制值；③提出每一道工序的沉降控制措施（采取注浆措施）；④施工完成后，总沉降值及水平位移值应在控制标准内。

3. 对建筑物的保护和加固措施

施工前调查所有施工影响范围内的建筑物，着重查明建筑物的结构形式、基础形式、数量、修建年代、材质、质量状况、工作状态、与地铁盾构线路的位置关系等。建筑物的保护应遵循"先加固、后施工"的原则。

施工前的加固措施：根据工程实际情况，选择采用地层注浆、隔离桩等措施，必要时可以采用建筑物桩基托换或加固措施。

在下穿、邻近建筑物施工过程中，加强监控量测。加强对周边建筑物监测，若出现地表沉降过大时，立即通知参建各方，以确保居民安全为首要任务，立即组织居民转移，进行临时安置。

2.6 案例分析

由于盾构施工控制原理复杂，隧道开挖周边岩土环境存在时空变化效应，故盾构机系统和岩土环境系统的相互作用机理难以掌握。土体受盾构施工扰动产生的变形，会对周边既有建筑物造成一定不利影响，容易引发周边建筑物沉降、倾斜、开裂、破损等，导致建筑物损坏。因此，只有在充分掌握工程地质、水文地质和周边环境，全面调查隧道工程沿线建筑物的健康状况的基础上，才能结合规范、建筑物对变形的适应能力、房屋目前情况及有关施工经验，将盾构施工过程中建筑物可能达到的破坏程度进行分级，每一级别在地表发生的变形和建筑物倾斜管理准则方面都有相应的特性。利用等级划分（以破损大小为准则）可以量化盾构施工过程对建筑物的影响程度，再通过相应的建筑物保护标准，可以为施工中需采用的保护措施提供参考。本书以武汉地铁 2 号线盾构隧道施工为背景进行研究分析。

2.6.1 武汉地铁 2 号线盾构隧道工程概况

武汉地铁 2 号线盾构隧道，以江汉路站为隧道的起点，在长江以北，以积玉桥站为隧道的终点，在长江以南，隧道在武汉关轮渡码头附近，全长约 3100m。

1. 工程地质条件

由于长江的冲积两岸地形平坦为一级阶地，23~26m 为其路段的地面高程，地质情况较为复杂，在 35~60m 之间是厚度变化范围。主要包括淤泥质土、粉土、粉细砂以及第四系全新统冲积黏性土，在厚度较厚的位置还包含粉细砂夹粉质黏土透镜体以及含砾中粗砂。河床表面平滑顺畅是长江的江底特点，-4.73~15.00m 为高程的变化范围。含砾中粗砂与沉积粉细砂是表层（河床）的新近层，5~30m 是其厚度的变化范围，0~33m 是第四系全新统冲积层的所在位置。隧道段下的泥岩与滞留系泥质粉砂岩等伏基岩以及白垩第三系砾岩共同为主要的伏基岩层。人工填土大多数是阶地表层的形成方式，1.1~5.0m 是其厚度的变化范围，汉口段江岸局部厚达 11.0m。长江两岸楼房建筑密集，居民较多，街道纵横，地面交通复杂。

勘探报告提及的粉细砂层（5-2）和含砾中粗砂层（2-4）是隧道设计的洞身所在，两类岩层的分界线附近是局部进行盾构的位置，积玉桥站下的淤泥质黏土（3-2a）、粉质黏土（3-2）是盾构施工穿过的土层。中风化泥质粉砂岩在江底被盾构施工切削，1.2m 厚是其切削的最大范围。武汉地铁 2 号线盾构隧道穿越各岩层的地层特性、物理力学性能指标见表 2-11。

武汉地铁 2 号线盾构隧道穿越地质地层结构分段表　　表 2-11

分段桩号 (DK)	长度 (m)	岩性构成及分布厚度			地质结构类型	备 注
		顶板以上 1 倍洞径范围	洞身	底板以下 1 倍洞径范围		
11+740～12+045	305	粉细砂(5-1)/6m	粉细砂(5-1)/6m	粉细砂(5-1)/6m	Ⅰ	
12+045～12+090	45	粉细砂(5-1)/6m，局部粉质黏土(5-2a)/0～0.5m	上部为粉质黏土(5-2a)/0～1m 下部为粉细砂(5-1)/5～6m	粉细砂(5-1)/6m	Ⅰ	
12+090～12+180	90	粉细砂(5-1)/6m	粉细砂(5-1)/6m	粉细砂(5-1)/6m	Ⅰ	
12+180～12+250	70	粉细砂(5-1)/6m，局部粉质黏土(5-2a)/0～1.5m	上部为粉质黏土(5-2a)/1～1.5m 下部为粉细砂(5-1)/4.5～5m	粉细砂(5-1)/6m	Ⅰ	Ⅰ、Ⅱ、Ⅲ、Ⅳ类地质结构分段长度分别为1130m、765m、350m和865m，分别约占本勘察区段沿线长度的 36.3%、24.6%、11.3%和27.8%
12+250～12+380	130	粉细砂(5-1)/6m	粉细砂(5-1)/6m，局部下部为粉质黏土(5-2a)	粉细砂(5-1)/6m	Ⅰ	
12+380～12+670	290	粉细砂(5-1)/6m	上部粉质黏土(5-2a) 下部粉细砂(5-1)/6m	粉细砂(5-1)/6m	Ⅰ	
12+670～12+820	150	粉细砂(2-5)/6m	粉细砂(2-5)/6m	粉细砂(2-5)/6m	Ⅰ	
12+820～12+900	80	含砾中粗砂(5-3)/6m	上部含砾中粗砂(5-3)/0～1.5m 下部粉细砂(2-5)/4.5～6m	粉细砂(2-5)	Ⅱ	
12+900～12+950	50	粉细砂(2-5)/0.5～2m	粉细砂(2-5)	粉细砂(2-5)、中粗砂(2-6)	Ⅰ	
12+950～13+180	230	中粗砂(2-4)/6m，局部粉细砂(2-3)	上部为中粗砂(2-4)/3～6m 下部粉细砂(2-5)/0～3m	粉细砂(2-5)	Ⅱ	

续表

分段桩号(DK)	长度(m)	岩性构成及分布厚度			地质结构类型	备注
		顶板以上1倍洞径范围	洞身	底板以下1倍洞径范围		
13+180~13+380	200	粉细砂(2-3)	含砾中粗砂(5-3)局部下部为泥质粉砂岩(20-1)	含砾中粗砂(5-3)	Ⅲ	Ⅰ、Ⅱ、Ⅲ、Ⅳ类地质结构分段长度分别为1130m、765m、350m和865m，分别约占本勘察区段沿线长度的36.3%、24.6%、11.3%和27.8%
13+380~13+500	120	粉细砂(2-3)	上部为粉细砂(2-3)/0~6m 下部为含砾中粗砂(5-3)/0~6m	含砾中粗砂(5-3)	Ⅱ	
13+500~13+650	150	粉细砂(2-3)	含砾中粗砂(5-3)/0~6m	粉细砂(5-1)	Ⅲ	
13+650~13+700	50	粉质黏土(5-2a)/3m	上部为粉质黏土(5-2a)/2~3m 下部为粉细砂(5-1)/3~4m	粉细砂(5-1)	Ⅳ	
13+700~13+870	170	粉质黏土(5-2a)/1~5m，粉细砂(5-1)/1~5m	上部为粉质黏土(5-2a)/1~5m 下部为粉细砂(5-1)/1~5m	粉细砂(5-1)/6m	Ⅳ	
13+870~14+070	200	粉细砂(5-1)/6m	粉细砂(5-1)/6m	粉细砂(5-1)/6m	Ⅱ	
14+070~14+270	200	上部粉质黏土、粉土、粉砂互层/0~6m	上部粉质黏土、粉土、粉砂互层/0~5m 下部粉细砂(5-1)/1~6m	粉细砂(5-1)/0~6m	Ⅳ	
14+270~14+340	70	粉质黏土(5-2a)/2~3m	粉质黏土粉土、粉砂互层/6m	粉细砂(5-1)/0~6m	Ⅳ	
14+340~14+570	230	粉质黏土(5-2a)/2~3m	上部为粉质黏土(5-2a)/1~5m 下部粉质黏土、粉土、粉砂互层/0~5m	粉质黏土、粉土、粉砂互层/6m	Ⅳ	
14+570~14+715	145	淤泥质土/2~3m	上部淤泥质土/2~3m 下部粉质黏土(5-2a)/1~5m	粉质黏土(5-2a)	Ⅳ	
14+715~14+850	135	黏土(5-2)	上部为黏土(5-2)/1~5m 下部淤泥质土/2~3m	淤泥质土/2~3m	Ⅱ	

2. 水文地质条件

武汉市轨道交通2号线隧道周边地区的水系较为发达，沙湖、江水与长江水系共同组成了这一地表水系统。长江水系是对该项目江底隧道影响最大的，且会得到补给，来源为汉江水系及上游水，下游会得到来自上游排泄的江水，而汉江水系得到补给的来源较为单一，为上游水，并对长江水系进行补给。在经过调查取样水质分析后得出长江水不会腐蚀钢混结构，但就单纯的钢结构而言，腐蚀性较弱。

第四系孔隙水与上层滞水，以及基岩裂隙水等共同组成了该地区的地下水系统。

人工填土中或表层黏性土中上层滞水的存储较为丰富，无统一自由水面，受大气降水、地表水和生产、生活用水渗入补给，水量变化不稳定而且容量不大，水位在底下的排列并不连续，低处的水量较丰富大多由高处补给。

孔隙承压水以及潜水对该项目的影响较大。河床砂层与一级阶地上部（位于两岸位置）是孔隙潜水岩的集中分布地点，并且还存在于湖积的粉土、黏性土、淤泥质粉砂和河床部分的粉细砂、中粗砂、砾石层，阶地上部第四系全新统冲积中，受大气降水和侧向地下水补给，除河床地段含水层厚度、富水性、水量变化较稳定外，其余在阶地不同部位其厚度、岩性、富水性有明显的差异，水量随季节变化也比较明显，一般单井出水量$5.62\sim13.71m^3/d$，渗透系数$0.26\sim25.0m/d$，水位埋深一般为$0.05\sim4.74m$。

孔隙承压水岩组分布于沿长江的一级阶地，由全新统冲积松散砂及砂砾（卵）石层组成，岩性自下而上是由粗到细的沉积旋回，含水岩组厚度为$13\sim44m$，以长江西岸为厚，水位埋深一般为$0.5\sim9.0m$；顶板为微弱透水的黏土、粉质黏土，局部为粉土和粉砂，顶板埋深$14\sim33m$，以长江东岸为深；底板岩性为志留系、白垩～下第三系岩层，底板埋深$39\sim60m$，以长江西岸为大。地下水（侧向）与自然降雨以及一部分潜水对承压水含水岩组进行补给，并且承压水对长江地表水进行补给，而长江地表水也对其进行补给，季节变化对地下水有较重要的影响，地下水的水量较大且比地表水具有承压性，$3\sim9m$是其年水位的变化范围，长江水是地下水动态变化的主要因素。

根据有关资料，长江东岸承压水平均渗透速度为$0.68\sim0.85m/d$，地下水流向为$NE10°$，长江西岸承压水平均渗透速度为$0.56\sim1.17m/d$，地下水流向为$NE50°$。

基岩裂隙水的含水层主要由滞留系、白垩～下第三系的泥质粉砂岩、泥岩、砾岩组成，富水程度取决于岩层张开裂隙、断裂构造的发育程度，水量一般较贫乏，单井流量为$10\sim100m^3/d$，一级阶地区，该含水层隐伏于全新统孔隙承压水岩组之下，形成隔水底板。

经取水样进行水质分析，地下水的水化学类型为重碳酸钙型水，pH值6.8～

7.6，均为中性水，孔隙潜水、承压水对混凝土及混凝土结构中的钢筋无腐蚀性，对钢结构具弱腐蚀性。

对本工程影响较大的地下水为孔隙潜水和孔隙承压水。地下水不良作用的主要表现为：涌水、流砂以及潜蚀等现象在盾构施工过程中时有发生，而地下水长期对竖井结构进行冲击与渗入侵蚀。

3. 工程设计方案

武汉地铁2号线盾构隧道工程两端车站分别为江汉路站与积玉桥站，本工程盾构隧道为双洞双线隧道，区间隧道左右线采用16m的线间距，以江汉路站为起点，区间隧道出站后，从车站端部隧道以长度约1km且具有一定角度（约25.7°）的长下坡的形式前进，从江汉关西侧的武汉轮渡苗家码头处穿越长江，然后以4.09‰的坡度下坡，坡长700m，到达武昌侧深槽最低点，线路以13m为线间距，以400m的曲线半径进入江中，江南明珠园是其过江后的起点，在其北岸线路回归地面，在进入和平大道之前要穿过某公司厂房，并在江中以350m的曲线半径进入和平大道。之后线路以12m为线间距在和平大道上前进，最后线路以25.9‰的坡度上坡，掘进1380m到达积玉桥站，其中左线隧道先于右线隧道一个月开始盾构施工。

盾构隧道采用管片拼装式单层衬砌，管片外径6200mm，内径5500mm，厚350mm，环宽1.5m。以强度等级C50抗渗等级S12级的高强防水钢筋混凝土作为管片的主要材料，管片中心处设一个吊装孔，兼作二次注浆孔。

以工程线路穿越地层的实际情况进行采样检测，以测得的工程地质与水文地质条件为基础，以丰富的盾构法施工经验为指导，比对了大量的施工方案后决定采用复合式泥水盾构机，这种盾构机是以6.52m为外径进行工作的。表2-12详细阐述了具体技术参数。

隧道盾构机具体技术参数表　　表2-12

主部件名称	细目部件名称	参数
综述	主机长	9.4m
	整机长度	73m
	盾构及后配套总重	480t
	最小转弯半径	250m
刀盘	刀盘形式	敞开式
	分块数量	单块
	开挖直径	6520mm
	开口率	35%
	中心重型撕裂刀	5把

续表

主部件名称	细目部件名称	参数
刀盘	正面重型撕裂刀	8把
	刮刀	80把
	滚刀	可与重型撕裂刀互相交换
	边滚刀	4把
	周边刮刀	16把
	先行刀磨损检测装置	0把
	刮刀磨损检测装置	2套
刀盘驱动	驱动形式	液压
	转速	0~2.5rpm
	额定扭矩	4340kN·m
	脱困扭矩	5210kN·m
	主轴承寿命	15000h
	(密封)工作压力	6bar
	主轴承密封形式	4-lip seal
盾壳	形式	Articulated,铰接式
	前盾直径、长度、钢板厚度	6490mm、2200mm、50mm
	中盾直径、长度、钢板厚度	6480mm、3500mm、40mm
	盾尾直径、长度、钢板厚度	6470mm、4000mm、50mm
	钢丝刷密封数量+紧急密封	4道+1道
	中、尾盾间的钢板束密封数量	1道
	盾尾间隙	35mm
推进系统	最大总推力	36490kN @ 300bar 42570kN @ 350bar
	油缸数量	16×2根
	油缸行程	2400mm
	最大推进速度	60mm/min
	最大回缩速度	1600mm/min
	位移传感器数量	4只
	推进油缸分区数量	4区
同步注浆系统	注浆管路数量(含备用管路)	4+4根
	注浆泵数量	2×KSP12
	能力	2×10m^3/h
	储浆罐容量	6m^3
	压力传感器数量	4只

通道的相互联络与采用明挖法施工的风井以及区间隧道的盾构施工等是武汉地铁2号线盾构隧道工程的主要项目，还包括了其他工程，如预留的人防工程，防淹工程的土建部分以及建立江中泵房等。该工程涵盖面广，技术复杂，综合性较强，包括了冷冻法施工。盾构在水量丰富的地层中施工，挖掘超深基坑施工等成为工程难点。工程位于市中心繁华商圈地段，地面变形控制要求严格，建筑物保护难度较大。

2.6.2 隧道工程沿线建筑物现状与健康调查

1. 建筑物现状与健康调查方法

在盾构穿越之前，必须对所有待穿越的建筑物的结构形式、竣工日期以及现状等情况进行深入调查，获得第一手资料，再根据所得资料制定相关的保护措施。

（1）建筑物调查的目的和要求

建筑物损坏在隧道施工中时有发生，这是因为隧道在线路选择与施工过程中必须穿越一些建（构）筑物，这给施工带来了难题与挑战。在选线与施工前对线路周边情况进行充分且详细的调查分析是避免与降低事故发生率的有效途径，这需要大量的人力、物力与强有力的技术支持。

要在施工前对建（构）筑物的自身（如位置、结构形式、结构疲劳程度等）及其周边情况（附近的管线等）按照隧道轴线位置与建筑物轴线位置做详细调查，这就需要具有丰富施工经验的工程技术人员进行分类调查。

为保存一定的声像实物资料，在调查的同时，需配备摄像机和照相机，进行专门的摄影记录。而且还需要对隧道工程施工沿线在建或拟建的建筑物状况进行详细调查，这样可以保证以后顺利施工。

（2）调查方式

巡检建筑物要在现场有建筑物业主的情况下进行，一些建筑物会受到盾构法施工的影响，所以在施工之前要对这些建筑物的具体情况进行记录。为了方便在施工作业时能对盾构法施工产生影响的建筑物进行有效的保护，将建筑的状态以及目前受损状态进行详细记录尤为重要。

① 对招标文件给出的建筑物资料进行分析并加以确认。

② 对每栋建筑物进行入户调查，并填写入户调查记录表。调查结束后，编制并填写建筑物调查表，表中一般包括建筑物基本情况、相关材料、建筑物状态、已有损坏情况和在建筑物巡查中发现的损伤等情况。

③ 对施工影响范围内的既有建筑物及附属建筑物的状况、内外构件、表面修整和维修情况进行目检，并以摄影方式记录损坏部位。在摄影的过程中，应记录建筑物的整体状态及其破损缺陷等，如建筑物墙体是否开裂，有无湿迹等其他

破损情况。

④ 记录并拍摄建筑物主要结构的开裂、混凝土的磨损、外露或锈蚀的钢筋。重要照片要附示意图及说明以显示相应拍摄物的位置。

⑤ 编制并填写每栋建筑物的调查表。

⑥ 测量建筑物垂直度。

(3) 调查范围及重点

根据盾构区间的地质情况和隧道深度，确定施工过程中隧道边线两侧50m范围内为第一级监控区，为调查的重点。考虑到本工程地处岩溶地质情况，受失水等因素影响，确定隧道边线两侧50～100m范围内为第二级监控区，需要对此范围内的全部建筑物进行调查；隧道边线两侧100～200m范围内为第三级监控区，包括部分结构在此范围内的建筑物，以目测为主，对出现破损的建筑物进行调查。

(4) 调查内容

① 在选线与施工前对线路周边建筑物的情况进行详细调查分析，需要大量的人力、物力与强有力的技术支持。调查内容包括隧道沿线范围内的建筑物名称、位置、所属业主、建筑物的用途、建造时间、结构类型、基础类型和隧道轴线与建筑物结构边线的相对应位置关系等。

② 建筑物的具体资料在招标文件中会有所体现，要对其进行审阅并进行分析，最后签字确认。

③ 一些建筑物会受到盾构法施工的影响，所以在施工之前要对这些建筑物的具体情况进行记录。

④ 巡查建筑物的基本情况，并对有受损情况的建筑物进行特别记录，对每栋建筑都要编写调查表以备后续维护。

⑤ 以目测的方式对建筑物的外在情况，建筑物的整体养护情况以及内部结构与外部结构的具体情况进行检查，如果墙体已经产生裂缝，那么其裂缝尺寸等数据一定要详细记录。

⑥ 摄影的过程包括了对建筑物主体部分的详细记录，如果墙体已经产生裂缝或者破损的情况已被检测到，要以照片能够说明具体情况的方式进行记录。并以摄影方式记录损坏部位。在摄影的过程中，应记录建筑物的整体状态及其破损缺陷等。

⑦ 对四层及以上建筑物的垂直度进行测量和记录。

⑧ 巡检建筑物要在现场有建筑物业主的情况下进行，业主审阅调查表中的内容，以签字的方式确认，并将一份建筑物调查表复印件交留业主保存。

(5) 调查资料提交

提交的调查成果包括：工程影响范围内建筑物的调查表、照片、示意图，并在图上标示。调查成果要满足监理工程师对施工中或施工完成后进行补充调查的要求。

2. 盾构隧道沿线主要影响建筑物调查

隧道汉口段盾构掘进方向自DK11＋739（江汉路站接收井）～DK12＋400（汉口江滩），约660m。隧道沿线建筑物主要包括金色江滩KTV、中国银行武汉关支行、四明银行、四明银行与好乐迪KTV之间的民房、宝利金国际广场以及好乐迪KTV等建筑物，建筑物平面位置如图2-7所示。本盾构隧道需下穿密集建筑物群，盾构机掘进要选择合理的掘进参数，加强盾构姿态控制和管片选型、地表沉降控制，必要时采取跟踪注浆、超前加固等措施保护建筑物和防洪大堤。

图2-7 武汉地铁2号线盾构隧道汉口段主要建筑物平面位置示意图

（1）金色江滩KTV

金色江滩KTV位于湖北武汉市江汉区花楼街武汉关码头，共3层，为公共商业场所，其建筑外形图如图2-8和图2-9所示。

图2-8 金色江滩KTV建筑外形图一

图 2-9 金色江滩 KTV 建筑外形图二

盾构左线距离金色江滩 KTV 32m，盾构右线距离金色江滩 KTV 15m，盾构埋深 32.8m，盾构的施工对金色江滩 KTV 建筑的影响主要体现在盾构侧穿导致建筑不均匀沉降产生结构裂缝。

(2) 中国银行武汉关支行

中国银行武汉关支行位于沿江大道上，层高 35m，是市优秀历史建筑，其建筑外形图如图 2-10 和图 2-11 所示。

图 2-10 中国银行武汉关支行建筑外形图一

盾构左线下穿中国银行武汉关支行，盾构隧道的埋深约 31m，盾构的施工对中国银行武汉关支行建筑的影响主要集中在建筑物发生不均匀沉降导致结构裂缝，盾构隧道与中国银行武汉关支行的平面位置关系和立面位置关系分别如图 2-12 和图 2-13 所示。

(3) 宝利金国际广场

宝利金国际广场位于汉口商业中心城花楼街片区，由 5 栋塔式公寓（34 层，高度为 99.4m）、1 栋商业＋酒店式公寓（7 层，高度为 24m）、4 栋商业裙房

(2～4层)、特色商业广场和商业步行街组成。结构形式为剪力墙、框支-剪力墙、框架结构。整个场区设两层地下室,地下室底板埋深约10.5m,建筑物采用钻孔灌注桩基础,基础支护采用双排桩围护。其建筑外形图如图2-14和图2-15所示。

图2-11 中国银行武汉关支行建筑外形图二

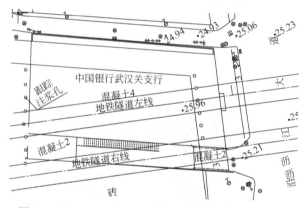

图2-12 中国银行武汉关支行与隧道平面位置关系图

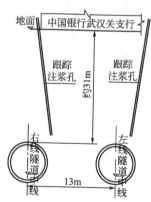

图2-13 中国银行武汉关支行与隧道立面位置关系图

第2章 地铁盾构施工诱发邻近建筑物变形机理及安全管理分析

图 2-14 宝利金国际广场建筑外形图一　　图 2-15 宝利金国际广场建筑外形图二

隧道右线距其地下室结构最近约 7.5m，距建筑物桩基最近 10.3m；隧道左线距建筑物约 24m。隧道在该建筑物附近埋深约 17~27m。盾构施工对宝利金国际广场的桩基础有较大影响。盾构隧道与宝利金国际广场的平面位置关系如图 2-16 所示，盾构隧道与宝利金国际广场的立面位置关系如图 2-17 所示。

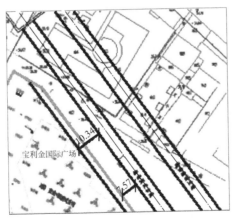

图 2-16 宝利金国际广场与隧道平面位置关系图

(4) 四明银行

四明银行位于江汉路 45 号，1936 年建成，主入口面临江汉路，两边各 5 层，中间 7 层，为钢筋混凝土结构。四明银行是武汉近代最为典型的 ArtDeco 建筑，设计运用了当时欧美建筑界的最新思想，注重作品的内部功能与结构技术的先进

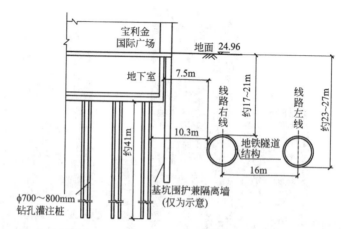

图 2-17 宝利金国际广场与隧道立面位置关系图

性，其立面参照了美国折线形摩登风格，对武汉近代建筑产生了巨大的影响。其建筑外形图如图 2-18 和图 2-19 所示。

图 2-18 四明银行建筑外形图一

图 2-19 四明银行建筑外形图二

四明银行为武汉市历史优秀建筑，目前用作中国人寿营业部及经济型酒店。该建筑年代久远，属重点保护建筑，根据调查资料，建筑基础下布设有小短桩，长度约 6m。隧道右线距其约 15m；隧道左线穿越该建筑物侧角。隧道在该建筑物下方埋深 19m，左线隧道位于建筑物侧边。盾构施工对四明银行的影响主要是建筑物不均匀沉降导致结构裂缝。盾构隧道与四明银行的平面位置关系如图 2-20 所示，盾构隧道与四明银行的立面位置关系如图 2-21 所示。

第 2 章 地铁盾构施工诱发邻近建筑物变形机理及安全管理分析

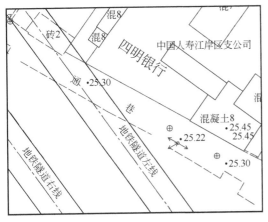 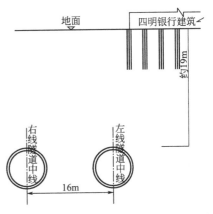

图 2-20 四明银行与隧道平面位置关系图　　图 2-21 四明银行与隧道立面位置关系图

（5）民房

该民房为 2~3 层砖混式建筑，位于好乐迪 KTV 与四明银行中间。其建筑外形图如图 2-22 所示。

图 2-22 民房建筑外形图

隧道右线距其约 4.5m；隧道左线穿越该建筑物侧角。隧道在该建筑物下方埋深 18m，左线隧道位于建筑物侧边。盾构施工对民房的主要影响是导致建筑物出现结构裂缝。盾构隧道与民房的平面位置关系如图 2-23 所示，盾构隧道与民房的立面位置关系如图 2-24 所示。

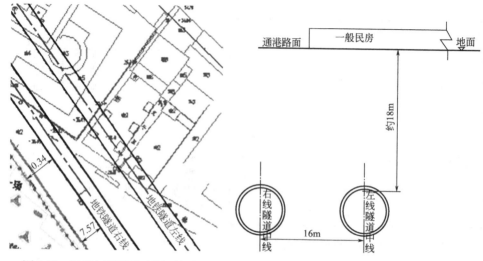

图 2-23 民房与隧道平面位置关系图　　图 2-24 民房与隧道立面位置关系图

(6) 好乐迪 KTV

好乐迪 KTV 位于江汉路步行街 61 号（花街楼口），为公共商业场所，4～5 层建筑，基础形式为筏板基础。其建筑外形图如图 2-25 和图 2-26 所示。

图 2-25 好乐迪 KTV 建筑外形图一

隧道左右线均下穿好乐迪 KTV 正下方。隧道在该建筑物附近埋深约 17m。盾构施工对建筑的影响较大，在施工中需对该建筑采取保护措施。盾构隧道与好乐迪 KTV 的平面位置关系如图 2-27 所示，盾构隧道与好乐迪 KTV 的立面位置关系如图 2-28 所示。

图 2-26 好乐迪 KTV 建筑外形图二

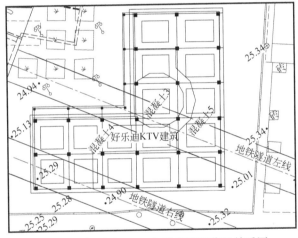

图 2-27 好乐迪 KTV 与隧道平面位置关系图

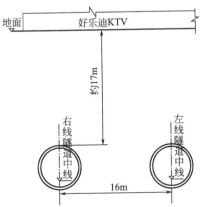

图 2-28 好乐迪 KTV 与隧道立面位置关系图

2.6.3 隧道工程诱发沿线建筑物安全控制标准

1. 建筑物自适应能力评估和变形控制值制定

建筑物对地表沉降适应能力与建筑物的形状尺寸、基础类型、地基的地质条件及性质有关。在建筑物调查的基础上，根据建筑物对地表变形适应能力对建筑物进行评估。根据规范、建筑物对变形的适应能力、房屋目前情况和有关施工经验提出建筑物破坏等级及保护标准，见表2-13。

建筑物破坏等级及保护标准　　表2-13

破坏等级	建筑物可能达到的破坏程度	地表变形值 ($mm \cdot m^{-1}$)		建筑物倾斜率(%)	保护标准
		倾斜 T	水平变形 E		
Ⅰ	当墙体上产生一部分比较微小的变化，但是并没有什么实际危害的缝隙时可以允许。如抹灰时易产生的一些微小的裂纹等情况	≤3.0	≤3.0	≤0.2	此种情况下不需要修理和维护建筑物（在施工前）
Ⅱ	当墙体上产生一部分稍微大一些的变化，但是这些变化比较容易修理时可以允许。如在门窗工程中，如果开启关闭的时候有些不太灵活的情况	≤5.0	≤3.0	0.2~0.4	此时的建筑物在开工之前必须采取一定的维护方法；一般只需小修并在施工过程进行监控量测
Ⅲ	当墙体上产生一些较大的变化，但是这些变化在修理的情况下比较容易恢复时可以允许。如每层楼之间的管道可能发生破坏的情况	≤8.0	≤5.0	0.4~0.7	盾构施工前建筑物需要仔细保护，一般需中修。可根据需要边施工、边加固，并加强施工过程监控量测
Ⅳ	能够较容易维修好的变化是允许的。如热胀冷缩时门窗容易发生一定的变形或是墙面容易鼓起或开裂等情况	≤12.0	≤7.0	0.7~1.0	这些建筑不仅要在开工前进行一定维护和加强措施，还要在中期进行检查和维修。应对施工方案、施工进度等进行检查和完善。加强监控量测
Ⅴ	超过了Ⅳ级破损情况的变化。如地表面有较大程度上的坍塌或大范围的土体开裂等情况	>12.0	>9.0	>1.0	盾构施工前建筑物需要进行加固保护。一般需大修或拆除重建。施工前可以在地层里注入一些泥浆，或是将桩基分开等。同时加强施工组织管理。在整个过程中做好管理记录，以方便在完工后做出完善的工程安全评价

根据表 2-13 制定的标准，将盾构施工过程中建筑物可能达到的破坏程度分为 5 个等级，每个等级对应相关的地表变形值和建筑物倾斜率控制标准，按照建筑物被损毁程度的大小，可以将其进行分类。这样可方便认知破坏的程度，再通过相应的建筑物保护标准，为施工中需采用的保护措施提供参考。

结合相关规范、房屋目前情况、有关施工经验及表 2-13 所制定的标准，可以提出盾构施工过程中建筑物产生变形的控制值为：

(1) 房屋整体倾斜≤0.004；
(2) 地表变形倾斜控制值≤8mm/m；
(3) 地表水平变形≤5mm/m。

2. 建筑物变形理论预测结果分析

根据武汉地铁 2 号线盾构隧道江北段土质情况，取内摩擦角 $\Phi=24°$，隧道埋深 $Z=13m$，隧道半径 $R=3.2m$，采用 Peck 公式计算，分别对不同地层损失率时的地表沉降进行计算，计算结果如图 2-29 所示。

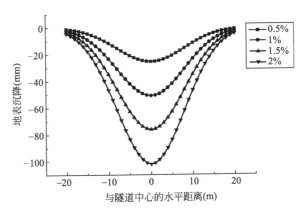

图 2-29　武汉地铁 2 号线盾构始发段地层沉降 Peck 曲线

(1) 地表沉降影响范围为-20~+20m，因此在施工过程中对此范围的所有建筑结构要做好检查，及时采取保护措施，以防发生危险，或是尽量将危害降到最小。

(2) 根据地层部分的损失情况发现，在这个概率加大的同时，地表的沉降量也随之变大，由于受地层损失率影响比较大，地表沉降量的增加幅度是比较大的。通过这些数据与规律的对比与分析，在盾构隧道施工过程中一定要加强组织与监管方面的体系建设及监管控制力度，以求将损失尽可能减小。

表 2-14 为利用 Peck 经验公式法计算盾构施工对沿线建筑物的影响程度。表中各建筑物与隧道的相对位置关系参照 2.6.2 节，地层损失率分别取 0.5%、0.7%、1%、1.5%、2%。

盾构施工对地表建筑物的影响程度（Peck 公式） 表 2-14

好乐迪 KTV

地层损失率	S1 点沉降(m)	S2 点沉降(m)	计算长度(m)	差异沉降(m)	倾斜率
0.5%	0.004176	0.026827	14.1	0.022651	0.001606
0.7%	0.005846	0.037558	14.1	0.031712	0.002249
1%	0.008352	0.053654	14.1	0.045302	0.003213
1.5%	0.012527	0.080481	14.1	0.067954	0.004819
2%	0.016703	0.107308	14.1	0.090605	0.006426

宝利金国际广场

地层损失率	S1 点沉降(m)	S2 点沉降(m)	计算长度(m)	差异沉降(m)	倾斜率
0.5%	0.002163	0.013153	29.4	0.01099	0.000374
0.7%	0.003028	0.018415	29.4	0.015387	0.000523
1%	0.004325	0.026307	29.4	0.021982	0.000748
1.5%	0.006488	0.03946	29.4	0.032972	0.001121
2%	0.00865	0.052613	29.4	0.043963	0.001495

四明银行

地层损失率	S1 点沉降(m)	S2 点沉降(m)	计算长度(m)	差异沉降(m)	倾斜率
0.5%	0.012287	0.013153	5.707	0.000867	0.000152
0.7%	0.017201	0.018415	5.707	0.001213	0.000213
1%	0.024574	0.026307	5.707	0.001733	0.000304
1.5%	0.03686	0.03946	5.707	0.0026	0.000456
2%	0.049147	0.052613	5.707	0.003466	0.000607

中国银行武汉关支行

地层损失率	S1 点沉降(m)	S2 点沉降(m)	计算长度(m)	差异沉降(m)	倾斜率
0.5%	0.00172	0.009613	25.5	0.007893	0.00031
0.7%	0.002407	0.013458	5.707	0.01105	0.001936
1%	0.003439	0.019225	5.707	0.015786	0.002766
1.5%	0.005159	0.028838	5.707	0.023679	0.004149
2%	0.006878	0.03845	5.707	0.031572	0.005532

金色江滩 KTV

地层损失率	S1 点沉降(m)	S2 点沉降(m)	计算长度(m)	差异沉降(m)	倾斜率
0.5%	0.002172	0.0086	39.22	0.006428	0.000164
0.7%	0.003041	0.01204	39.22	0.008999	0.000229
1%	0.004345	0.017199	39.22	0.012854	0.000328

续表

金色江滩KTV					
地层损失率	S1点沉降(m)	S2点沉降(m)	计算长度(m)	差异沉降(m)	倾斜率
1.5%	0.006517	0.025799	39.22	0.019282	0.000492
2%	0.00869	0.034399	39.22	0.025709	0.000656

注：S1和S2计算点的确定分三种情况，第一种情况：建筑物在隧道上方，S2取隧道轴线正上方沉降最大处，S1取建筑物的边线。第二种情况：建筑物在隧道一侧，S2取离隧道轴线最近处，S1取建筑物的边线。第三种情况：建筑物的长度超出沉降槽的宽度时，S2取建筑物离隧道轴线最近处，S1取地铁盾构施工引起的地表沉陷曲线反弯点对应的地面位置。

根据Peck经验公式法得出的建筑物倾斜率，对比表2-13中的建筑物破坏等级可以得到：宝利金国际广场、金色江滩KTV、四明银行对应的破坏等级均为Ⅰ级，盾构施工前建筑物不需要保护及加固；中国银行武汉关支行的地层损失率为0.5%和0.7%时所对应的破坏等级为Ⅰ级，地层损失率为1%时所对应的破坏等级为Ⅱ级，地层损失率为1.5%和2.0%时所对应的破坏等级为Ⅲ级；好乐迪KTV地层损失率为0.5%时所对应的破坏等级为Ⅰ级，地层损失率为0.7%和1.0%时所对应的破坏等级为Ⅱ级，地层损失率为1.5%和2.0%时所对应的破坏等级为Ⅲ级。本工程地层损失率应控制在1.0%～2.0%之间。

第3章 基于有限元仿真的隧道施工诱发邻近建筑物安全风险机理分析

在隧道开挖施工过程中，土体受到扰动以及地下水的流失会导致地面建筑物下沉，在这个过程中，还会对基础结构产生一定影响。根据工程经验，能够引起建筑结构下沉即沉降的因素很多，包括不同的设计与施工方法、建筑物上部结构类型、建筑物基础类型、隧道埋深、土体性质、建筑物基础与隧道的相对位置、建筑物基础的加固方式和开挖过程中地下水的流失等。因此对所有影响因素进行评价是很难的。为了研究盾构施工中哪些参数对建筑物变形起决定作用，本书主要针对盾构施工中的主要参数如相对埋深、相对位置、基础类型、掘进泥水压力等关键影响因素进行数值仿真风险定量分析。结合实际工程将建筑物基础分为桩基和筏形基础。在不同基础类型时，通过对隧道的不同埋深和隧道与建筑物不同相对位置来分析参数变化对建筑物基础变形的影响规律。再针对风险评价等级高的建筑物进行数值仿真分析。

3.1 数值仿真

3.1.1 盾构隧道数值模拟方法

在结构力学中通常将物体分成很多个小个体，分析每个小个体单元的受力特性之后再将这些小个体单元的值求和，这种方法统称为有限元分析方法。大量的实验表明，这种方法得到的数据是非常接近实际值的，同时这些数据对其他工程研究具有很大的影响力和作用。

利用有限元分析法解决问题通常的过程如下：

(1) 首先要保证研究的物体处于一种连续的状态，然后再将这个物体划分为很多有限的小个体，这些小个体即为单元体。同时将每个小个体之间范围边缘的位置点联系到一起，而这些点位置就可以叫作节点位置。

(2) 无论将物体分为多少个有限的小个体，每个小个体内都存在无限个点位置，在分析每个小个体时，当个体发生任何的位移变化都能够利用这些点位将其表达出来。虽然有无数个这样的点,但是用这样的方法却是将其转化为有限个点来表示。采用这样的表示方法得到的模型可以称为位移模型,式(3-1)与式(3-2)是其表示式:

$$u = a_1 + a_2 x + a_3 y + a_4 xy \tag{3-1}$$

$$v = a_5 + a_6 x + a_7 y + a_8 xy \tag{3-2}$$

这个函数也可以叫作插值函数。

用矩阵形式表达为:

$$\{\delta(x,y)\} = \begin{Bmatrix} u \\ v \end{Bmatrix} = \begin{bmatrix} 1 & x & y & xy & 0 & 0 & 0 & 0 \\ 0 & 0 & 0 & 0 & 1 & x & y & xy \end{bmatrix} \begin{Bmatrix} a_1 \\ a_2 \\ a_3 \\ a_4 \\ a_5 \\ a_6 \\ a_7 \\ a_8 \end{Bmatrix} = f(x,y)\{a\} \tag{3-3}$$

进一步得:

$$\{\delta(x,y)\} = f(x,y)\{a\} = f(x,y)[A]^{-1}\{\delta^e\} = [N(x,y)]\{\delta^e\} \tag{3-4}$$

式中 $[N(x,y)]$ ——通过模拟位移的方式得到各个位置的相互关系。

(3) 求解单元刚度矩阵

单元应变 $\varepsilon(x,y)$ 和节点位移 δ^e 之间的关系式为:

$$\{\varepsilon(x,y)\} = \begin{Bmatrix} \varepsilon_x \\ \varepsilon_y \\ \varepsilon_z \end{Bmatrix} = \begin{Bmatrix} \dfrac{\partial u}{\partial x} \\ \dfrac{\partial v}{\partial y} \\ \dfrac{\partial u}{\partial y} + \dfrac{\partial v}{\partial x} \end{Bmatrix} = \begin{Bmatrix} \dfrac{\partial}{\partial x}\sum_{i=1}^{4} N_i(\varepsilon,\eta) g u_i \\ \dfrac{\partial}{\partial y}\sum_{i=1}^{4} N_j(\varepsilon,\eta) \\ \dfrac{\partial}{\partial y}\sum_{i=1}^{4} N_i(\varepsilon,\eta) g u_i + \dfrac{\partial}{\partial x}\sum_{i=1}^{4} N_i(\varepsilon,\eta) g v_i \end{Bmatrix}$$

$$= \begin{Bmatrix} \dfrac{\partial N_1}{\partial x} & 0 & \dfrac{\partial N_2}{\partial x} & 0 & \dfrac{\partial N_3}{\partial x} & 0 & \dfrac{\partial N_4}{\partial x} & 0 \\ 0 & \dfrac{\partial N_1}{\partial y} & 0 & \dfrac{\partial N_2}{\partial y} & 0 & \dfrac{\partial N_3}{\partial y} & 0 & \dfrac{\partial N_4}{\partial y} \\ \dfrac{\partial N_1}{\partial x} & \dfrac{\partial N_1}{\partial y} & \dfrac{\partial N_2}{\partial x} & \dfrac{\partial N_2}{\partial y} & \dfrac{\partial N_3}{\partial x} & \dfrac{\partial N_3}{\partial y} & \dfrac{\partial N_4}{\partial x} & \dfrac{\partial N_4}{\partial y} \end{Bmatrix} \begin{Bmatrix} u_1 \\ v_1 \\ u_2 \\ v_2 \\ u_3 \\ v_3 \\ u_4 \\ v_4 \end{Bmatrix}$$

$$= [B_1 \quad B_2 \quad B_3 \quad B_4][\{\delta_1^e\} \quad \{\delta_2^e\} \quad \{\delta_3^e\} \quad \{\delta_4^e\}]^T = [B]\{\delta^e\} \tag{3-5}$$

式中，$\varepsilon(x, y)$ 表示的是在 (x, y) 点处的应变大小；$\{\delta^e\}$ 表示图形中某个位置处的位移情况；$[B]$ 反应的是概率上的矩阵情况。

单元应力 $\sigma(x, y)$ 与节点位移 $\{\delta^e\}$ 的关系式为：

$$\sigma(x,y) = \frac{E(1+u)}{(1+u)(1-2u)} \begin{bmatrix} 1 & \frac{u}{1-u} & 0 \\ \frac{u}{1-u} & 1 & 0 \\ 0 & 0 & \frac{1-2u}{2(1-u)} \end{bmatrix} \{\varepsilon(x,y)\}$$

$$= [D]\{\varepsilon(x,y)\} = [D][B]\{\delta^e\} \qquad (3-6)$$

式中，$\sigma(x, y)$ 对应的为 (x, y) 位置处的应力情况；$\{\delta^e\}$ 的意义同式（3-5）；$[D]$ 表示概率上的弹性矩阵阵列情况。

（4）建立节点力与节点位移方程式，表达式如下：

$$\int_V \{\varepsilon^*\}^T \{\sigma\} dV = \int_V \{u^*\}^T \{f_V\} dV + \int \{u^*\}^T \{f_S\} dS + \{u^*\}^T \{f_p\} \qquad (3-7)$$

式中，$\{f_V\}$ 为体力；$\{f_S\}$ 为面力。

由式（3-7）可推得：

$$\int_V \{\varepsilon^*\}^T \{\sigma\} dV = \int_V \{\sigma^e\}^T [B]^T [D][B]\{f_V\}\{\delta^e\} dV = \{\sigma^e\}^T [F^e] \qquad (3-8)$$

$$\{F^e\} = [K^e]\{\delta^e\} \qquad (3-9)$$

由式（3-8）和式（3-9）可得：

$$[K^e] = \int_V [B]^T [D][B] dV = \iint [B]^T [D][B] t \, dx \, dy$$

$$= \iint [B]^T [D][B] t [J] \, d\xi \, d\eta \qquad (3-10)$$

式中 t ——单元的厚度；

ξ, η ——局部坐标轴；

$[J]$ ——雅可比矩阵。

由于科技的飞速发展，公式数值可以通过电脑进行模拟计算，这大大提高了工作的准确程度和效率。比如在工程方面就有一些关于隧道工程施工的动态模拟形式，通过动态模拟施工过程，给实际工程带来很多便利，如在设计阶段能发挥很大的作用。

3.1.2 盾构隧道开挖数值模拟方法

通常城市的地下土层都比较松软并不坚硬，地铁隧道开挖深度一般都不大，在这种情况下应力非常微小，可以认为没有应力场的作用，将其视为0。假设在实验开始阶段产生的地表应力是由土体自身的重力做功引发的，然后再将工程范围内开挖出的土与附近范围内的土分别进行相关研究，可以用一些参数来表示以方便研究。如采用 V_1 表示开挖出土方量（通常用 "m³" 来表示），W_1 则用来表示土体自身的重力；如果将数字 1 换为数字 2 就可以用来表示附近土体的相关特性，如图 3-1 所示。

隧道开挖部分的土体 V_1 对 V_2 做功后会产生两种力，形成的两种作用即限制和增加荷载。其中对于开挖的土体来说，增加荷载是因为 W_1 的存在；而限制是因为 V_1 对施工现场附近的土产生一种刚度的反应引发的，这种作用可以用 P_1 来表达（P 为土体之间的一种相互作用）。在对隧道施工中开挖土体的分析后同样也可以针对现场附近的土体得到类似的理论认识，即重力为 W_2，约束效应为 P_2，如图 3-2 所示。

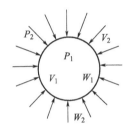 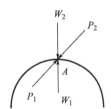

图 3-1 土体开挖示意图　　图 3-2 掘进面微元受力状态

在求初始应力场之前，先要求解以下表达式：

$$[K_0][\delta_0] = \{W\} \tag{3-11}$$

式中　$[K_0]$——所有土体的刚度矩阵，包括土体 V_1 和土体 V_2，即：

$$[K_0] = \begin{bmatrix} K_0^1 \\ K_0^2 \end{bmatrix} \tag{3-12}$$

$\{W\}$——所有土体的荷载向量，即：

$$\{W\} = \begin{bmatrix} W_0^1 \\ W_0^2 \end{bmatrix} \tag{3-13}$$

$[\delta_0]$——在实验开始阶段的最初位移变化（应力场中），代表此时本身的压密能力大小，不能用具体的数值来精确表示，不过对之后的其他方面的分析并没有任何影响，$[\delta_0]$ 可以通过以下式子进行表达：

$$\{\delta_0\} = \begin{bmatrix} \delta_0^1 \\ \delta_0^2 \end{bmatrix} \tag{3-14}$$

说明：$[\delta_0^2]$ 的组成分为开挖土体以及附近土体的重力两个量，同时由相互作用力 P_1 引发，具体见式（3-15）：

$$\{\delta_0^2\} = \{\delta_0^{21}\} + \{\delta_0^{22}\} + \{\delta_0^{23}\} \tag{3-15}$$

式中 $\{\delta_0^{21}\}$——表示土体 W_1 在 V_2 中引起的初始位移；

$\{\delta_0^{22}\}$——表示土体 W_2 在 V_2 中引起的初始位移；

$\{\delta_0^{23}\}$——表示土体 V_1 对 V_2 的作用 P_1 引起 V_2 的初始位移。

由上式可得土体 V_2 中的 $\{\sigma_0^2\}$ 的表达式为：

$$\{\sigma_0^2\} = \{\sigma_0^{21}\} + \{\sigma_0^{22}\} + \{\sigma_0^{23}\} \tag{3-16}$$

式中 $\{\sigma_0^{21}\}$——代表开挖土体的重力在附近土体内引发的开始阶段的应力作用；

$\{\sigma_0^{22}\}$——表示现场附近的土体重力在施工开挖中的土体内引发的应力作用；

$\{\sigma_0^{23}\}$——工程开挖土体相对于其附近土体的相互作用 P_1 引起的附近土体内的应力作用。

在隧道土方开挖时，随意选择一个表面上的点，记为 A，那么点 A 在土方开挖前呈现一种受力平衡状态。现在假设这一点是在 4 种力的作用下保持平衡状态的：F_1^A、F_2^A、G_1^A 及 G_2^A。式（3-17）用公式的形式来表达这种受力平衡的状态：

$$F_1^A + F_2^A + G_1^A + G_2^A = 0 \tag{3-17}$$

式中，F_1^A 表示施工中开挖的土体对于这一点的相互作用 P_1 引发的一种等效作用力；G_1^A 为工程施工中开挖的土体对于这一点增加荷载的等效作用力；F_2^A 表示工程附近土体对于这一点的增加荷载的等效作用力；G_2^A 为工程附近土体对这一点的相互作用力 P_2 引起的等效作用力。

在隧道施工过程中，采用盾构法施工技术，那么土方开挖的土体 V_1 则伴随着力 F_1^A 和 G_1^A 而消失，在此过程中，土体 V_2 受到的影响表达式为：

$$[K_2]\{\Delta\delta\} = -[\{F_1^A\} + \{G_1^A\}] \tag{3-18}$$

式中 $[K_2]$——土体 V_2 的刚度；

$\{\Delta\delta\}$——土体 V_2 的开挖引起的位移增量。

由 $\{\Delta\delta\}$ 可求得土体 V_2 的应力增量 $\{\Delta\sigma\}$。

最后土体 V_2 的总位移和总应力为：

总位移：

$$\{\delta\} = \{\delta_0\} + \{\Delta\delta\} \tag{3-19}$$

总应力：

$$\{\sigma\} = \{\sigma_0\} + \{\Delta\sigma\} \tag{3-20}$$

盾构法隧道工程施工中，土方开挖工程量的统计与其他的统计不是一个概念。这是因为在挖掘土体时，要在工程施工前设定好的点逐渐深入挖取土体，在土体开挖完成后再开始支护及灌注泥浆等工序。不过要注意的是土方开挖前，这些即将被挖取的土体内是有一定应力的，那么研究的那部分土体在形态上就会随着开挖进行而发生变化,而这部分土体内所存在的应力也会随之调整。

3.2 盾构仿真模型的建立

有限元分析法中将盾构施工引起的土体沉降位移的三维问题,简化为一个平面应变问题。假定隧道周围的土体为均质理想弹塑性体,土的力学特性取决于弹性模量 E_s、泊松比 μ、黏聚力 c 和内摩擦角 φ。而假定基础以及管片、注浆等混凝土材料为线弹性介质,其力学特性取决于弹性模量 E_s、泊松比 μ。在有限元分析时,必须考虑盾尾空隙量和注浆硬化。分析程序的框图如图 3-3 所示。

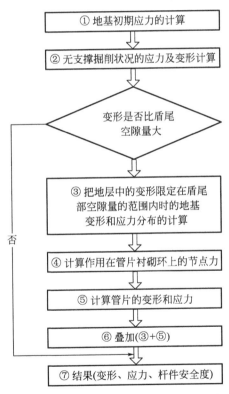

图 3-3 分析程序框图和作用于管片的节点

首先计算无支撑开挖状态下围岩的位移②,当位移值大于盾尾空隙量时,把位移量限定在盾尾空隙范围内,然后求出围岩剩余应力反力③,把该反力作为集中力作用在衬砌环上,求出衬砌环的位移量⑤,叠加后计算出最终位移量。图

3-4 是隧道横断面土体位移分析模型图。

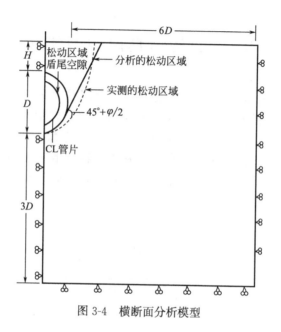

图 3-4 横断面分析模型

分析模型的宽度为盾构直径 D 的 6 倍,深度为直径 D 的 3 倍。影响范围为盾构底部作 $(45°+\varphi/2)$ 的斜线。

3.2.1 盾构仿真相关参数

选取武汉地铁 2 号线汉口段作为研究对象,该地段土层的各项参数见表 3-1,管片和注浆层参数见表 3-2。

土体的各项参数　　　　　　　　　　　　表 3-1

土体参数	E(MPa)	μ	ρ(kN/m³)	φ	c(kPa)	厚度(m)
黏土层	8	0.41	19.10	12	15	10
粉土层	10	0.44	19.30	21	15	10
粉细砂层	14	0.43	20.00	33	15	30

管片和注浆层属性　　　　　　　　　　　　表 3-2

材料参数	E(MPa)	μ	ρ(kN/m³)
管片	27.6×10³	0.2	25.00
注浆层	10.0×10³	0.2	21.00

3.2.2 盾构开挖有限元模型的建立

考虑圣维南定理对模型进行简化，如果静力等效，那么离隧道较远的土体受力可以忽略不计。故取三维隧道模型宽度60m，土体深度50m。根据工程资料，隧道直径6.5m，隧道掘进长度取45m，建立如图3-5所示模型。

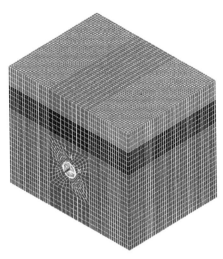

图3-5 地铁盾构隧道开挖三维有限元模型

边界条件为不排水条件：对底部施加水平、竖向约束，对隧道的垂直边界面施加水平约束。

3.2.3 本构模型

ANSYS中能用于岩土的本构模型只有D-P模型，这是一种理想的弹塑性模型，即等效应力达到屈服强度后，应力不再增大，但应变会一直增长。土体本构模型采用弹塑性模型，混凝土衬砌结构采用线弹性模型，土体与管片间的相互作用采用接触面模拟。

将膨胀角设置为0，因为一般的砂土或者正常固结土体，只会出现剪缩，故该取值既符合实际也方便了计算收敛。其余参数则按地质勘查报告取值。值得一提的是，当膨胀角取为0，且内摩擦角变化范围不大时，黏聚力c的取值决定了土体的性质，对计算结果影响较大。

隧道掘进过程中，土方开挖诱发地表沉降指的是被挖取的土体在本身自重以及其地面作用力的影响下发生沉降，在这一过程结束之后再应用有限元分析的方法进行研究，首先要模拟开始阶段这部分土体的重力作用产生的能力场，然后研究在这种模拟场状态下这些土体如何发生固结等反应。这种模拟场的模拟流程为先截取一部分土体作为一个小个体单元，然后给这个小个体单元施加重力作用，这个单元体在这个过程中始终保持受力平衡的状态。

在土方开挖时，其表面上的土为模拟状态下的压力（采用盾构施工）。再加载力的时候，这个力的大小以及方向都要根据实际的工程情况来确定，并不能事先设置。一般情况下认为这种压力是地下水、开挖土体以及预先存在的压力三部分之和，在这里这个压力值取 0.45MPa。

在实际工程开始施工的时候（采用盾构施工技术），通常的盾构设备都比较长，有的能够达到十米，衬砌宽度差不多 3m，所以在进行土方开挖的时候，一个环节就要挖取 3m 左右的个体单元。所谓的一个土体开挖的环节其实是包含两层意思的，首先就是要算出这个模拟过程中土方开挖以及注入泥浆时候产生的压力；其次就是要模拟一个硬化变化的过程（注浆层），以模拟盾构推进过程，各时间步见表 3-3。

各时间步作用效果　　　　　　　　　　　　　表 3-3

时间步	作用
1	自重应力场求解
2	第1步的模拟开挖，压力（注浆）施加在盾尾
3	第1步的模拟开挖、衬砌（管片）与硬化注浆过程
……	……
28	第14步的模拟开挖，压力（注浆）施加在盾尾
29	第14步的模拟开挖、衬砌（管片）与硬化注浆过程

3.2.4　盾构开挖数值分析步骤

三维有限元模拟盾构施工的具体步骤如下，图 3-6 是具体流程图。

步骤 1：计算模型系统中所有土体部分的重力，最后统一成为一个模型整体的重力作用；

步骤 2：每个土方开挖的环节要去除原土体中需要挖除的部分，同时施加相应注浆以及泥水的压力；

步骤 3：将开挖土体个体单元灭活，把管片小个体上的材料信息转化为整个信息，同时继续施加泥水压力，但注意要停止施加泥浆压力；

步骤 4：循环操作步骤 1~3，循环一定的次数，就能够模拟出一个整体的土方开挖过程；

步骤 5：隧道工程土方开挖完成。

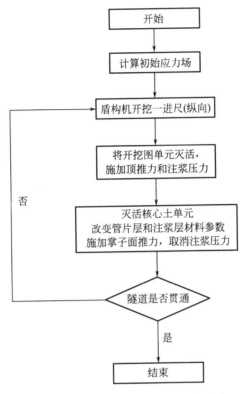

图 3-6　有限元模拟盾构施工的流程图

3.3　地铁盾构施工对邻近建筑物桩基的影响分析

在地铁隧道开挖时,隧道的轨迹势必会贯穿很多基础,而这些基础由于结构的埋深和相对位置上的不同,受到的影响各不相同。为了研究武汉地铁2号线隧道在不同埋深和不同相对位置引起的建筑物桩基变形的规律,提出采用三维的动态分析方法。对于建筑物桩基的影响选取了武汉地铁2号线隧道施工穿越的宝丽金国际广场这个极具代表性的建筑物的桩基作为研究对象,进行仿真数值分析。该建筑物桩基距离隧道右线最近处约7m,最远处约13m,隧道在该建筑物桩基范围埋深约17～27m。仿真分析分别计算了隧道浅埋（7m）、实际埋深（17m）、实际埋深（27m）和隧道距离桩基7m和13m情况下桩基变形。桩直径为1m,桩长30m,弹性模量 E 取 $32×10^3$ MPa,泊松比 μ 取0.2,重度取 $25kN/m^3$。

3.3.1 隧道与桩基的距离不同对桩基的影响

1. 隧道埋深为 7m 时仿真分析

当盾构隧道埋深为 7m 时，隧道距离建筑物桩基 7m 和 13m 时的有限元模型如图 3-7 所示。建筑物桩基的变形如图 3-8～图 3-10 所示。

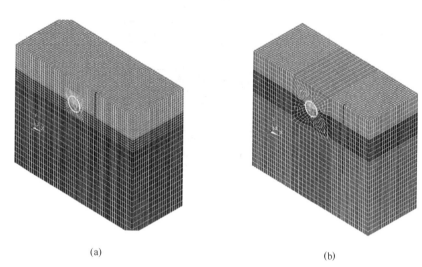

(a)　　　　　　　　　　　　(b)

图 3-7　盾构隧道埋深 7m 时隧道与建筑物桩基不同距离的三维有限元模型图
(a) 盾构隧道距离桩基 7m；(b) 盾构隧道距离桩基 13m

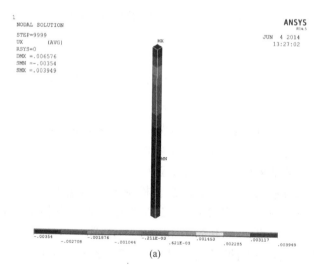

(a)

图 3-8　盾构隧道埋深 7m 时的桩基变形云图（一）
(a) 隧道距离桩基 7m

第3章 基于有限元仿真的隧道施工诱发邻近建筑物安全风险机理分析

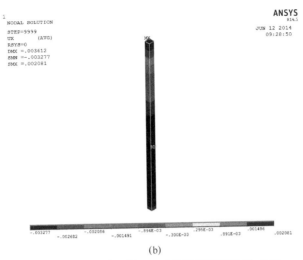

(b)

图 3-8 盾构隧道埋深 7m 时的桩基变形云图（二）
(b) 隧道距离桩基 13m

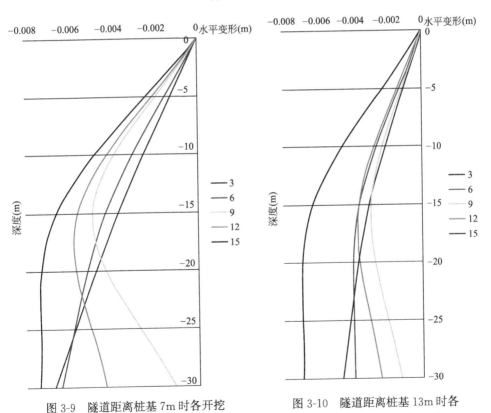

图 3-9 隧道距离桩基 7m 时各开挖
步的桩基变形曲线图

图 3-10 隧道距离桩基 13m 时各
开挖步的桩基变形曲线图

从图 3-8～图 3-10 可以看出，当隧道浅埋时（7m），随着隧道开挖，桩基中部首先会发生较大变形，最后桩基底部才出现最大变形，隧道距离桩基 7m 比隧道距离桩基 13m 所产生的变形略大。说明隧道开挖导致土体受到扰动，隧道埋深位置的土体扰动对桩基变形影响较大，且隧道距离桩基越远对桩基变形的影响越小。

2. 隧道埋深 17m 时仿真分析

当盾构隧道埋深 17m 时，隧道距离建筑物桩基 7m 和 13m 时的有限元模型如图 3-11 所示。建筑物桩基的变形如图 3-12～图 3-14 所示。

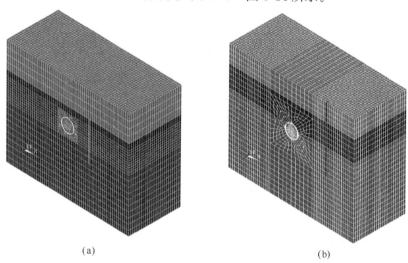

图 3-11 盾构隧道埋深 17m 时隧道与建筑物桩基不同距离的三维有限元模型图
（a）盾构隧道距离桩基 7m；（b）盾构隧道距离桩基 13m

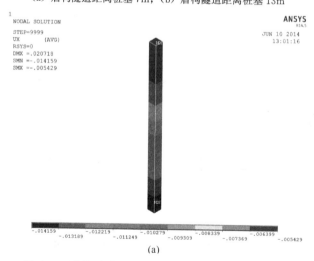

图 3-12 盾构隧道埋深 17m 时的桩基变形云图（一）
（a）隧道距离桩基 7m

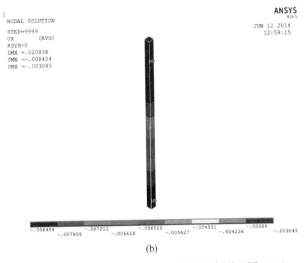

(b)

图 3-12 盾构隧道埋深 17m 时的桩基变形云图（二）

(b) 隧道距离桩基 13m

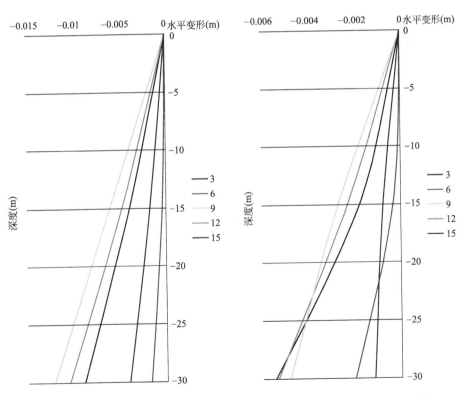

图 3-13 隧道距离桩基 7m 时各开挖步的桩基变形曲线图

图 3-14 隧道距离桩基 13m 时各开挖步的桩基变形曲线图

从图 3-12～图 3-14 可以看出，当隧道埋深加深时（17m），桩基整体朝一个方向倾斜，距离隧道 7m 的建筑物桩基变形比距离隧道 13m 时大 1 倍左右。总之，随着埋深增大，倾斜度的增量也会变大，且距离隧道越近盾构隧道掘进的影响越显著，可见隧道埋深大小对桩基倾斜有较大影响，但整体来看倾斜程度较小，这也与桩体本身的强度有关。

3. 隧道埋深 27m 时仿真分析

当盾构隧道埋深 27m 时，隧道距离建筑物桩基 7m 和 13m 时的有限元模型如图 3-15 所示。建筑物桩基变形如图 3-16～图 3-18 所示。

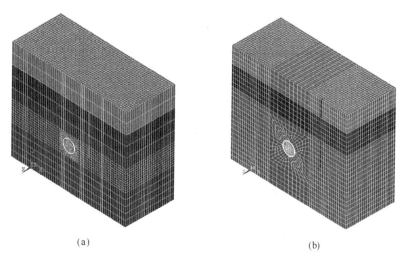

(a)　　　　　　　　　　　　　　　(b)

图 3-15　盾构隧道埋深 27m 时隧道与建筑物桩基不同距离的三维有限元模型图
(a) 盾构隧道距离桩基 7m；(b) 盾构隧道距离桩基 13m

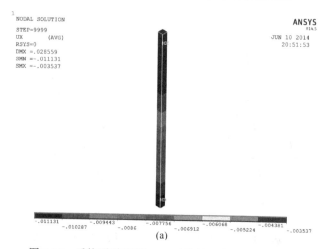

(a)

图 3-16　盾构隧道埋深 27m 时的桩基变形云图（一）
(a) 隧道距离桩基 7m

第3章 基于有限元仿真的隧道施工诱发邻近建筑物安全风险机理分析

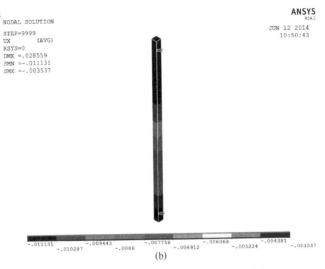

图 3-16 盾构隧道埋深 27m 时的桩基变形云图（二）
(b) 隧道距离桩基 13m

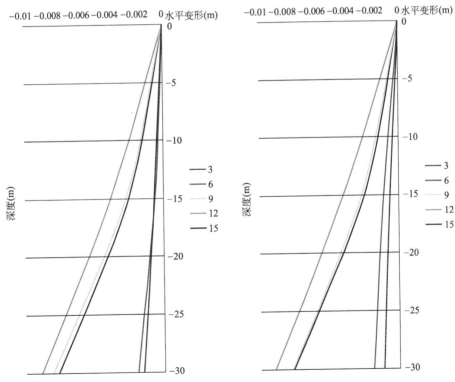

图 3-17 隧道距离桩基 7m 时各开挖步的桩基变形曲线图

图 3-18 隧道距离桩基 13m 时各开挖步的桩基变形曲线图

从图 3-16～图 3-18 可以看出,当隧道埋深加大时,桩基整体朝一个方向倾斜,与隧道不同距离的建筑物桩基变形基本相同。由此可知,随着深度进一步增加,倾斜度的增量也会变大,隧道与建筑物桩基的距离对桩基变形的影响与隧道埋深对桩基变形的影响相比不再是主要影响因素。

3.3.2 隧道的不同埋深对桩基变形的影响

本节在盾构隧道与其穿越的桩基距离为 7m 和 13m 的条件下,针对 3 种不同埋深的隧道施工对桩基的影响进行了对比分析,隧道不同埋深引起的桩基变形仿真结果详见 3.3.1 节。

1. 隧道距离桩基 7m 时,隧道的不同埋深仿真分析

当盾构隧道距离桩基 7m 时,盾构隧道的不同埋深引起桩基变形曲线图如图 3-19 所示。

2. 隧道距离桩基 13m 时,隧道的不同埋深仿真分析

当盾构隧道距离桩基 13m 时,盾构隧道的不同埋深引起桩基变形曲线图如图 3-20 所示。

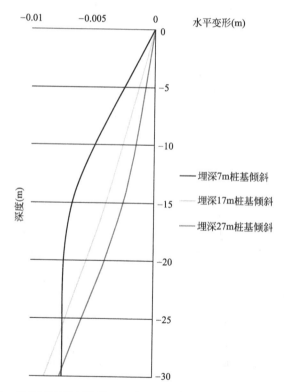

图 3-19　盾构隧道距离桩基 7m 时 3 种不同埋深引起桩基变形曲线图

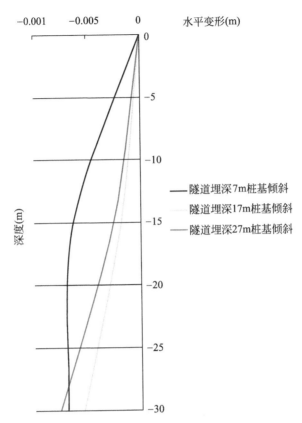

图 3-20 盾构隧道距离桩基 13m 时 3 种不同埋深引起桩基变形曲线图

3.4 地铁盾构隧道施工对周边建筑物的影响分析

隧道施工线路穿越的建筑物在隧道埋深和相对位置上存在多种情况。为了研究武汉地铁 2 号线隧道在不同埋深和不同相对位置引起的建筑物变形规律，以该工程为研究背景，运用三维有限元法进行风险模拟仿真分析。对于建筑物的影响选取武汉地铁 2 号线隧道施工中穿越的好乐迪 KTV 建筑物为研究对象进行仿真分析。该建筑物基础埋深 17m，位于盾构隧道的正上方，本书分别分析了建筑物实际埋深（17m）和建筑物浅埋（7m）时结构的下沉情况以及其下部基础构造的变化程度。常用的基础结构一般取 10m×10m 的筏形基础，厚度 1m，建筑物按 3 层考虑，考虑墙体自重及楼板自重和楼面活载，取每层荷载为 $15kN/m^2$，建筑物基础弹性模量 E 取 $26×10^3 MPa$，泊松比 μ 取 0.2，重度

取 2500kg/m^3。

3.4.1 隧道与建筑物不同位置关系对建筑物的影响

地铁的隧道与附近建筑结构之间的相对位置关系用偏离比 e 表示，其定义为隧道轴线到建筑物中心线的距离与建筑物所考虑横断面上投影值一半的比值，如图 3-21 所示，计算公式为：

$$e=\frac{L}{b/2}(e>0) \tag{3-21}$$

式中，L 为隧道轴线到建筑物中心线的距离；b 为建筑物所考虑的横断面的投影。

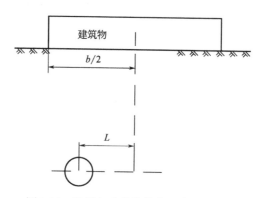

图 3-21 隧道与建筑物偏离比定义示意图

当偏离比 $e<1$ 时，表示隧道从建筑物下方通过；当偏离比 $e>1$ 时，表示隧道轴线在建筑物平面以外。

为了研究隧道不同相对位置关系对建筑物周边造成的地表沉降和建筑物基础本身的沉降影响，需要分别研究盾构隧道在埋深 7m 和 17m 时盾构隧道从建筑物下通过（$e=0$）和隧道从建筑物侧边通过（$e=1$）的情况。

1. 隧道埋深为 7m 时，隧道穿越建筑物仿真分析

当隧道埋深为 7m 时，对隧道从建筑物正下方通过（$e=0$）和隧道从建筑物侧边通过（$e=1$）的情况进行仿真分析。

（1）$e=0$ 时的仿真分析

$e=0$ 时的有限元模型如图 3-22 所示，盾构隧道从建筑物正下方穿越时造成的地表沉降和各开挖步的建筑物最大和最小沉降结果如图 3-23～图 3-26 所示，盾构隧道从建筑物正下方穿越时建筑物的差异沉降和倾斜率见表 3-4。

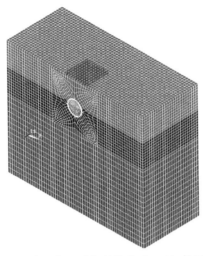

图 3-22　盾构隧道从建筑物正下方穿越时（$e=0$）的三维有限元模型图

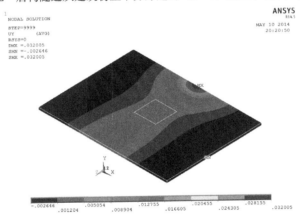

图 3-23　盾构隧道从建筑物正下方穿越时（$e=0$）产生的地表沉降云图

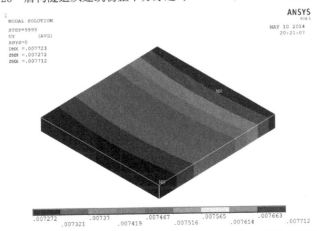

图 3-24　盾构隧道从建筑物正下方穿越时（$e=0$）产生的基础变形云图

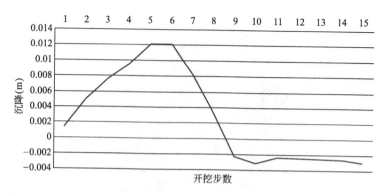

图 3-25 盾构隧道从建筑物正下方穿越时（$e=0$）产生的地表沉降曲线图

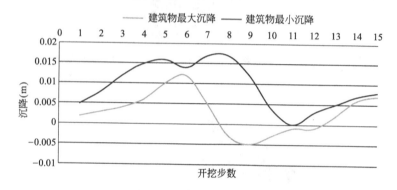

图 3-26 盾构隧道从建筑物正下方穿越时（$e=0$）建筑物的最大和最小变形曲线图

盾构隧道从建筑物正下方穿越（$e=0$）产生的差异沉降和倾斜率（埋深7m） 表 3-4

开挖步	1	2	3	4	5	6	7	8	9	10	11	12	13	14	15
建筑物最大沉降(mm)	1.8	2.9	4.0	6.0	10.0	12.0	5.0	−3.0	−5.0	−3.0	−1.0	−1.0	2.0	6.0	7.0
建筑物最小沉降(mm)	5.0	8.0	12.0	15.0	16.0	14.0	17.0	17.0	12.0	4.0	0	3.0	5.0	7.0	8.0
最大差异沉降(mm)	3.2	5.1	8.0	9.0	6.0	2.0	12.0	20.0	17.0	7.0	1.0	4.0	3.0	1.0	1.0
倾斜率(‰)	0.32	0.51	0.8	0.9	0.6	0.2	1.2	2.0	1.7	0.7	0.1	0.4	0.3	0.1	0.1

由图 3-23～图 3-26 和表 3-4 可知，在隧道埋深为 7m 且从建筑物正下方通过时（$e=0$），建筑物周边的地表沉降随隧道掘进呈现先隆起后下沉的特征，在开挖到第 5 步时最大隆起达到最大 12mm，随后隧道接近建筑物以后地表沉降缓慢下沉，最终地表沉降为 −3mm。由图 3-23 可以看出最终地表沉降呈现左右对称的形式，最大地表沉降发生在隧道轴线左右两侧，隧道轴线处的地表沉降稍小。建筑物的变形规律与地表沉降类似，都呈现先隆起后下沉的趋势，建筑物最大和最小沉降发生在沿隧道轴线的前后端，当隧道掘进过程中建筑物倾斜率随着隧道掘进不断增大至最大值 2‰，然后缓慢减小，当隧道完全通过后稳定在最小值 0.1‰，最终的最大和最小沉降稳定在 7mm 和 8mm。建筑物最大隆起发生在第 8 步，为

17mm，与之对应的最小沉降为−3mm，此时的建筑物差异沉降最大，达到2‰，这时隧道掘进面刚通过建筑物基础位置。由此可知隧道掘进对建筑物本身的影响比对建筑物周边地表的影响要滞后且造成的沉降（或隆起）更大，隧道到达和通过建筑物基础时会导致建筑物发生较大的不均匀沉降，对建筑物造成的风险达到最大，此时要做好技术方面和管理方面的控制措施，保证建筑物安全。

（2）$e=1$时的仿真分析

$e=1$时的有限元模型如图3-27所示，盾构隧道侧下方穿越建筑物造成的地表沉降和各开挖步的建筑物最大和最小沉降如图3-28~图3-31所示，盾构隧道从侧下方穿越建筑物产生的差异沉降和倾斜率见表3-5。

图3-27 盾构隧道从建筑物侧下方穿越时（$e=1$）的三维有限元模型图

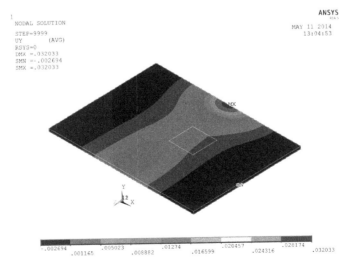

图3-28 盾构隧道从建筑物侧下方穿越时（$e=1$）产生的地表沉降云图

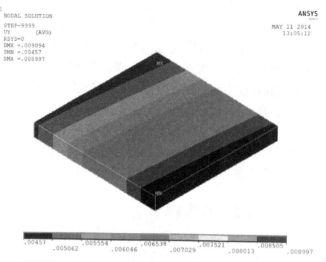

图 3-29　盾构隧道从建筑物侧下方穿越时（$e=1$）产生的基础变形云图

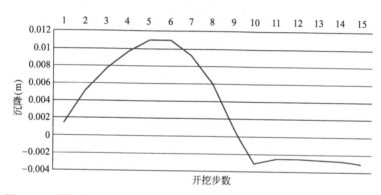

图 3-30　盾构隧道从建筑物侧下方穿越时（$e=1$）产生的地表沉降曲线图

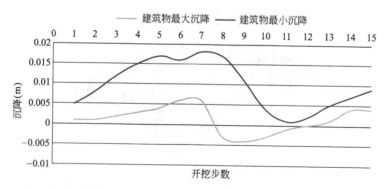

图 3-31　盾构隧道从建筑物侧下方穿越时（$e=1$）建筑物的最大和最小变形曲线图

盾构隧道侧下方穿越建筑物（$e=1$）产生的差异沉降和倾斜率（埋深 7m）

表 3-5

开挖步	1	2	3	4	5	6	7	8	9	10	11	12	13	14	15
建筑物最大沉降(mm)	1.0	1.0	2.0	3.0	4.0	6.0	6.0	−3.0	−4.0	−3.0	−1.0	0	1.0	4.0	4.0
建筑物最小沉降(mm)	5.0	8.0	12.0	15.0	17.0	16.0	18.0	17.0	11.0	4.0	1.0	2.0	5.0	7.0	9.0
最大差异沉降(mm)	4.0	7.0	1.0	12.0	13.0	10.0	12.0	20.0	15.0	7.0	2.0	2.0	4.0	3.0	5.0
倾斜率(‰)	0.4	0.7	1	1.2	1.3	1.0	1.2	2.0	1.5	0.7	0.2	0.2	0.4	0.3	0.5

由图 3-28～图 3-31 和表 3-5 可知，在隧道埋深为 7m 且隧道从建筑物侧下方通过时（$e=1$），与隧道从建筑物正下方穿越时的规律类似，建筑物周边的地表沉降随隧道掘进呈现先隆起后下沉的特征，在开挖到第 5 步时最大隆起达到最大值 11mm，隧道接近建筑物以后地表沉降缓慢下沉，最终地表沉降为 −3mm。由图 3-28 可以看出最终地表沉降不再呈现左右对称的形式，最大地表沉降发生在隧道轴线处即靠近建筑物外墙处；建筑物的变形规律与地表沉降类似，都呈现先隆起后下沉的趋势，建筑物最大和最小沉降发生在沿隧道轴线的左右两端，在隧道掘进过程中建筑物倾斜率随着隧道掘进不断增大，达到最大值 2‰，然后缓慢减小，当隧道完全通过后最终稳定在 0.5‰，最终的最大和最小沉降分别为 4mm 和 9mm。建筑物基础最大隆起发生在第 8 步，为 17mm，与之对应的最小沉降为 −3mm，此时的建筑物差异沉降最大，达到 2‰，这时隧道掘进面刚通过建筑物基础位置。由此可知隧道掘进对建筑物本身影响比对建筑物周边地表的影响滞后且造成的沉降（或隆起）更大，隧道到达和通过建筑物基础时会导致建筑物较大的不均匀沉降，对建筑物造成的风险最大。这些规律都与隧道从建筑物正下方穿越时的规律类似，所采取的措施和注意事项也相似。

2. 隧道埋深为 17m 时，隧道穿越建筑物仿真分析

当隧道埋深为 17m 时，对隧道从建筑物正下方通过（$e=0$）和从建筑物侧边通过（$e=1$）时的情况进行仿真分析。

（1）$e=0$ 时的仿真分析

$e=0$ 时的有限元模型如图 3-32 所示，盾构隧道从建筑物正下方穿越时造成的地表沉降和各开挖步的建筑物最大和最小沉降结果如图 3-33～图 3-36 所示，盾构隧道下穿建筑物产生的差异沉降和倾斜率见表 3-6。

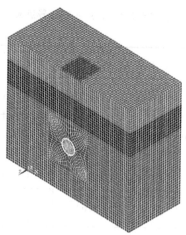

图 3-32　盾构隧道从建筑物正下方穿越时（$e=0$）的三维有限元模型图

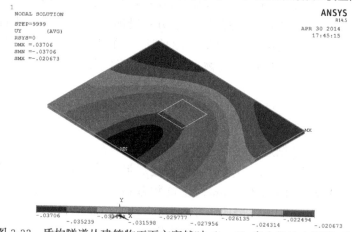

图 3-33　盾构隧道从建筑物正下方穿越时（$e=0$）产生的地表沉降云图

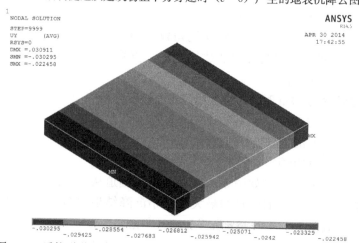

图 3-34　盾构隧道从建筑物正下方穿越时（$e=0$）产生的基础变形云图

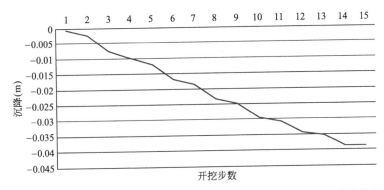

图 3-35　盾构隧道从建筑物正下方穿越时（$e=0$）产生的地表沉降曲线图

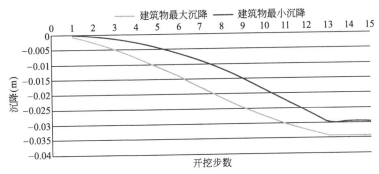

图 3-36　盾构隧道从建筑物正下方穿越时（$e=0$）建筑物的最大和最小沉降曲线图

盾构隧道从建筑物正下方穿越（$e=0$）产生的建筑物差异沉降和倾斜率（埋深 17m）

表 3-6

开挖步	1	2	3	4	5	6	7	8	9	10	11	12	13	14	15
建筑物最大沉降(mm)	−0.7	−2.7	−5.0	−7.8	−11.0	−14.0	−17.9	−21.4	−24.8	−27.8	−30.3	−32.4	−34.2	−34.3	−34.4
建筑物最小沉降(mm)	0	−0.6	−1.6	−2.8	−4.4	−6.6	−8.8	−11.7	−15.1	−18.7	−22.5	−26.1	−29.7	−29.5	−29.6
最大差异沉降(mm)	0.7	2.1	3.4	5.0	6.6	7.4	9.1	9.7	9.7	9.1	7.8	6.3	4.5	7.8	7.8
倾斜率(‰)	0.07	0.21	0.34	0.5	0.66	0.74	0.91	0.97	0.97	0.91	0.78	0.63	0.45	0.78	0.78

由图 3-33～图 3-36 和表 3-6 可知，在隧道埋深为 17m 且隧道从建筑物正下方通过时（$e=0$），建筑物周边的地表沉降随着隧道掘进呈现不断下沉的趋势且最终沉降达到 −38mm，由图 3-33 可以看出最终地表沉降呈现隧道轴线左右对称的形式，最大地表沉降发生在建筑物前方的隧道轴线处，且向两边逐渐减小。建筑物的变形规律与地表沉降类似，都呈现随着隧道的掘进不断下沉的趋势，建筑物最大和最小沉降发生在沿隧道轴线处的建筑物的前后端，建筑物倾斜率随着隧道掘进缓慢增大，在第 7 个开挖步时达到最大值 0.9‰，然后缓慢减小，当隧道完全

通过后最终为 0.78‰，建筑物的最终最大和最小沉降稳定在－34mm 和－29mm。可以看出，当隧道掘进面到达基础结构的底部缘翼处时，它的无规则沉降的工程量将达到极大值，且建筑物的最终沉降要小于建筑物周边地表的最终沉降。由此可知隧道埋深较深时，隧道到达建筑物基础边缘位置时会导致建筑物较大的不均匀沉降，且随着隧道向前掘进最终沉降会不断缓慢增大，直到隧道通过 2 倍洞径距离后沉降稳定，所以在这个阶段要做好技术方面和管理方面的工作，保证建筑物安全。

（2）$e=1$ 时的仿真分析

$e=1$ 时的有限元模型如图 3-37 所示，盾构隧道工程侧穿建筑物时所引发的地表下沉以及各开挖步的建筑物最大与最小沉降结果如图 3-38～图 3-41 所示，盾构隧道从建筑物侧下方穿越时产生的差异沉降和倾斜率见表 3-7。

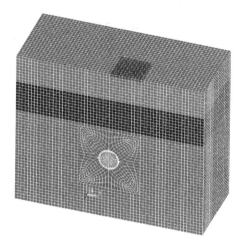

图 3-37　盾构隧道从建筑物侧下方穿越时（$e=1$）的三维有限元模型图

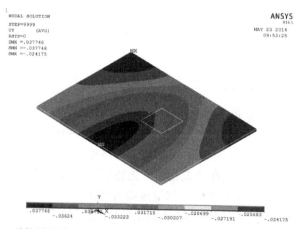

图 3-38　盾构隧道从建筑物侧下方穿越时（$e=1$）产生的地表沉降云图

第3章 基于有限元仿真的隧道施工诱发邻近建筑物安全风险机理分析

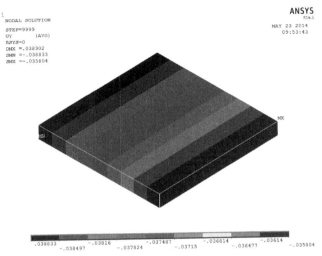

图 3-39 盾构隧道从建筑物侧下方穿越时（$e=1$）产生的基础变形云图

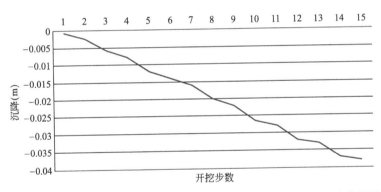

图 3-40 盾构隧道从建筑物侧下方穿越时（$e=1$）产生的地表沉降曲线图

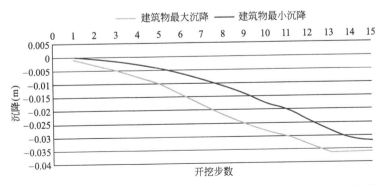

图 3-41 盾构隧道从建筑物侧下方穿越时（$e=1$）产生的建筑物最大和最小沉降曲线图

盾构隧道从建筑物侧下方穿越时（$e=1$）产生的建筑物差异沉降和倾斜率（埋深17m）

表 3-7

开挖步	1	2	3	4	5	6	7	8	9	10	11	12	13	14	15
建筑物最大沉降(mm)	−0.8	−3.0	−5.0	−7.7	−10	−14.0	−18.0	−22.0	−25.0	−28.0	−30.0	−33.0	−36.0	−36.0	−36.0
建筑物最小沉降(mm)	0.1	−0.6	−1.6	−2.8	−4.4	−6.3	−8.5	−11.0	−14.0	−17.5	−20.0	−24.0	−28.0	−31.0	−32.0
最大差异沉降(mm)	0.8	2.4	3.4	4.9	5.6	7.7	9.5	11.0	11.0	46.0	10.0	9.0	7.0	5.0	4.0
倾斜率(‰)	0.09	0.24	0.34	0.49	0.56	0.77	0.95	1.1	1.1	1.05	1.0	0.9	0.7	0.5	0.4

由图 3-38～图 3-41 和表 3-7 可知，在隧道埋深为 17m 且隧道从建筑物侧下方通过时（$e=1$），建筑物周边的地表沉降随着隧道掘进呈现不断下沉的趋势且最终沉降达到 −38mm。由图 3-38 可以看出最终地表沉降不再呈现隧道轴线左右对称的形式，最大地表沉降发生在建筑物前方的隧道轴线右边靠近建筑物的方向，且向两边逐渐减小。建筑物的变形规律与地表沉降类似，都呈现随隧道的掘进不断下沉的趋势，建筑物最大和最小沉降发生在隧道轴线右边的建筑物边缘的左右端，建筑物倾斜率随着隧道掘进缓慢增大，在第 8 个开挖步时达到最大值 1.1‰，然后缓慢减小，当隧道完全通过后最终稳定在 0.4‰，建筑物的最终最大和最小沉降稳定在 −36mm 和 −32mm。可以看出，当隧道掘进面到达基础结构的底部方位时，上部结构的沉降量变化是没有规律性的，但将达到最大值，其小于建筑物周边地表的最终沉降。由此可知隧道埋深较深时，隧道到达建筑物基础下方位置时会导致建筑物较大的不均匀沉降，且随着隧道向前掘进最终沉降会不断缓慢增大，直到通过 2 倍洞径距离后沉降趋于稳定，所以在这个阶段要做好技术方面和管理方面的工作，保证建筑物安全。

3.4.2 隧道不同埋深对建筑物变形的影响

相关文献表明，盾构隧道从建筑物基础正下方或侧下方穿越时，地表沉降量及建筑物沉降量变化规律基本一致。本节以盾构隧道侧下方穿越建筑物为例，对隧道与建筑物不同埋深引起建筑物周边地表沉降、建筑物最大和最小沉降进行对比分析。隧道埋深分别为 7m 和 17m 时产生的建筑物周边地表沉降、建筑物最大和最小沉降值如图 3-42～图 3-44 所示。

对比图 3-42～图 3-44 可以看出，隧道埋深分别为 7m 和 17m 时，建筑物的沉降规律与地表沉降相同，施工项目周边地表沉降大于建筑物沉降。对于地表沉降而言，隧道埋深 7m 时，隧道无论是从建筑物基础正下方穿过还是侧下方穿过所造成的影响趋势大致相同；只是建筑物发生最大沉降和最小沉降的位置有所不同。在第

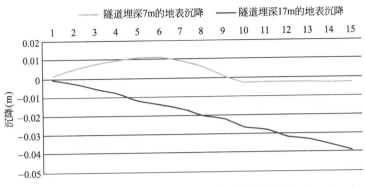

图 3-42　不同埋深的盾构隧道侧穿建筑物时产生的地表沉降曲线图

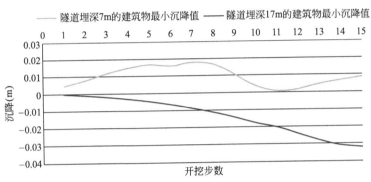

图 3-43　不同埋深的盾构隧道侧穿建筑物时产生的建筑物最小沉降曲线图

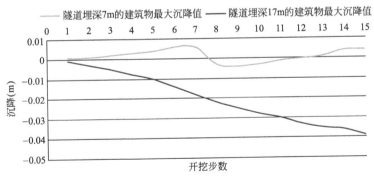

图 3-44　不同埋深的盾构隧道侧穿建筑物时产生的建筑物最大沉降曲线图

7步开挖之前，由于地表土层强度较低，且隧道埋深较浅，掘进泥水压力对地表隆起产生了较大影响，但第7步到第9步恰好是隧道穿越建筑物基础所在垂直面，此时地表从隆起迅速变为沉降，且沉降差异的最大值也出现在第8步。隧道埋深17m时，隧道无论是从建筑物基础正下方穿过还是侧下方穿过所造成的影响趋势也大致相同，建筑物发生最大沉降和最小沉降的位置有所不同。由于埋深较深，掘进泥水压力对地表产生的影响不明显，隧道到达建筑物基础位置时会导致建筑物较大的不均匀沉降，且随着隧道向前掘进最终沉降会不断缓慢增大，直到隧道通过 2 倍洞径距离后沉降趋于稳定，可见基础、上部结构、隧道和土四者的共同作用对地表沉降和建筑物沉降造成了显著影响。

3.4.3 掘进泥水压力对建筑物变形的影响

如图 3-42～图 3-44 所示，盾构隧道浅埋（埋深 7m）时产生的地表沉降、建筑物最小和最大沉降均呈现先隆起再下沉且沉降值均为正值的情况。分析原因可能是掘进面泥水压力（0.45MPa）偏大，所以分别计算掘进泥水压力为 0.3MPa 和 0.15MPa 的情况进行验证，对比结果如图 3-45 所示。

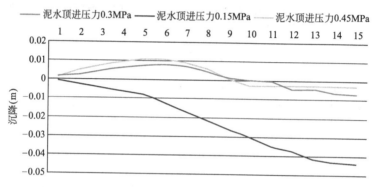

图 3-45 掘进泥水压力分别为 0.15、0.3、0.45MPa 时的建筑物周边地表沉降

从图 3-45 中可以看出，当隧道埋深较浅时，掘进面泥水压力是影响建筑物和周边地表沉降的重要因素。0.3MPa 掘进泥水压力所带来的隆起明显小于 0.45MPa，但是依旧为隆起状态，而当掘进泥水压力为 0.15MPa 时隆起消失，只有线性增大的沉降。由此可见，对于浅埋盾构隧道，掘进面泥水压力的增大能有效地减少最终的地表沉降和建筑物沉降，但过大的掘进泥水压力会导致前方土体和建筑物的隆起，产生负的地层损失，可能会对建筑物造成更严重的损害。盾构机掘进泥水压力的控制至关重要，可通过数值仿真分析得到使得建筑物和地表沉降（或隆起）最小的盾构掘进泥水压力。

3.5 案例研究

前文对盾构施工影响建筑物进行仿真计算，分析了一般影响规律。下面对具体工程进行针对性的仿真分析。某电教楼由主楼和两栋附楼组成，两栋附楼为 U 轴～X 轴的两层阶梯教室，以及桩号为 N～S 的 4 层泵房，施工时主楼与附楼间留有 5～8cm 沉降缝。该建筑 1984 年完工，主体部分为 4、5 层楼房结构，建筑面积约 4210m²，其结构参数见表 3-8。

该电教楼位于左线隧道上方，隧道顶部距房屋基底 7.12m。

盾构下穿电教楼段属长江一级阶地，地势平坦，地势微向沙湖倾斜，地面标高在 23.0～24.0m 之间。该地段地表层有呈松散状态的人工填土，上部主要为第四系全新冲击软～可塑粉质黏土、黏土，隧道以下部分为密实粉细砂。

某电教楼结构参数　　　　　　　　　　　　　　　　　表 3-8

结构类型	主要为框架，部分砌体承重	屋盖形式	预制板	基础形式	柱下独基，墙下条基
层数	2～5 层	檐口高度	27.00m	楼盖形式	现浇板，部分预制板
备注	柱下采用独立基础，墙下采用条形基础；混凝土设计强度为 C20，基础下均设 1.2m 厚砂垫层。主体为框架结构，部分采用砌体承重。楼板基本采用现浇，屋面板为预应力圆孔板。框架梁、柱和现浇梁板均采用 C20 混凝土；砌体采用 M10 砖，M5～7.5 混合砂浆，圈梁采用 C15 混凝土				

2006 年 3 月 6 日对电教楼进行了房屋安全鉴定。鉴定结论为：该房屋主要承重构件、楼地面、屋面无明显损坏，仅围护及装修稍有损坏；综合评定该房屋属于基本完好。具体鉴定项目及评定结果见表 3-9。

电教楼鉴定项目及评定结果　　　　　　　　　　　　表 3-9

构件名称		损坏构件查勘情况	评定结果
地基基础		房屋倾斜率均≤4‰	完好
上部承重结构	柱	未见明显损坏情况	完好
	梁		完好
	板	存在个别板面裂缝	基本完好
围护	填充墙	部分有渗水痕迹	基本完好
	楼地面	面层稍有裂缝、空鼓	基本完好
	屋面	防水层稍有损坏	完好
装修		外抹灰有少量裂缝、剥落	基本完好

根据电教楼的安全鉴定及建筑物的倾斜观测结果，建筑物的累计变形较大，最大倾斜达 4‰，对施工的扰动较为敏感，难以承受较大的变形，因此在隧道施工过程中，应加强建筑物的变形监测，严格控制建筑物的变形。

(1) 局部倾斜警戒值为 $\Delta/L < 2/1000$（Δ 为差异沉降值，L 为建筑物长度，局部倾斜指砌体承重结构沿纵向 6～10m 内基础两点的沉降差与其距离的比值），根据测点之间的距离控制差异沉降值的警戒值或根据设计的要求确定警戒值。

(2) 盾构施工时，地表最大隆沉量范围 −30mm～+10mm，变形速率≤2～

3mm/12h。

以该电教楼为模拟对象，考虑两个隧道开挖对建筑物的影响，隧道模型中1轴为隧道轴线方向，2轴为深度方向，3轴为宽度方向，模型的1方向长60m，2方向深120m，3方向宽60m；模型的边界为：隧道前后土体边界3方向约束，左右1方向约束，模型底部1~3方向全部约束。单元类型为：土体和管片采用单元库中的C3D8R，建筑物采用C3D6。

根据工程实际，隧道覆土厚度取地面最薄处7.2m，盾尾建筑空隙为0.19m，衬砌每环2.0m宽，厚0.50m，盾构机长度10.5m，按地层损失1%计算。

由于电教楼主体受力构件为梁、板、柱，所以本建筑按框架结构处理，建筑物的柱距（图3-46）横向为5m，总长30m，纵向（也就是隧道开挖方向）为4m，总长12m，梁截面尺寸都为300mm×500mm，柱截面尺寸为500mm×500mm，层高为3.6m，共5层；建筑物材料按C20混凝土取值。

工况1时建筑物与前后土体边界的距离都为24m；

工况2时建筑物距离左线隧道中心线的最小距离为10m。

模型计算采用的地层和材料参数见表3-10。

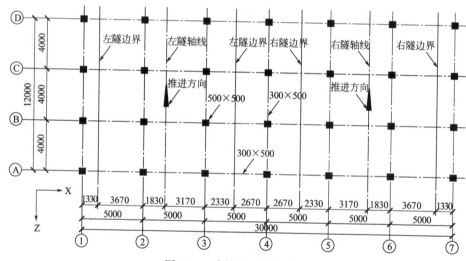

图3-46 建筑物平面布置图

模型计算中采用的地层和材料参数　　　　表3-10

编号	项目名称	γ(kN/m³)	厚度(m)	Φ(°)	C(kPa)	E(MPa)	ν
1	杂填土	19.80	2.00	26.80	19.50	7.50	0.30
2	粉质黏土	18.90	1.50	21.45	30.25	6.53	0.30
3	淤泥质土	18.32	7.30	10.10	14.25	4.99	0.43
4	粉质黏土	18.69	3.20	21.90	24.80	5.76	0.37

续表

编号	项目名称	$\gamma(kN/m^3)$	厚度(m)	$\Phi(°)$	$C(kPa)$	$E(MPa)$	ν
5	粉土	18.98	5.50	31.18	12.50	10.55	0.30
6	粉质黏土	18.71	3.00	26.23	19.06	8.00	0.30
7	粉细砂	19.90		32.38	8.73	14.29	0.30
8	管片	25	0.5			34500	0.15
9	梁板柱	25				25500	0.2

为研究盾构掘进对建筑物的影响,采用以下三种工况。

(1) 只考虑基础,不考虑作用在其上的荷载(图3-47);

(2) 三层建筑物(图3-48);

(3) 五层建筑物(图3-49)。

此外,图3-50是电教楼和基础有限元模型,图3-51是管片的有限元模型。

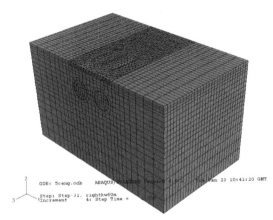

图3-47 只考虑基础的有限元模型

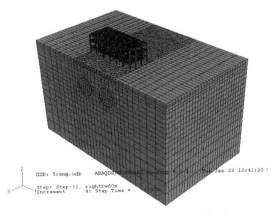

图3-48 三层建筑物的有限元模型

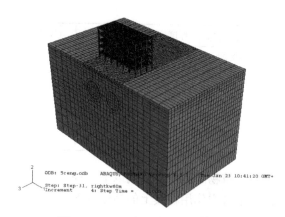

图 3-49　五层建筑物的有限元模型

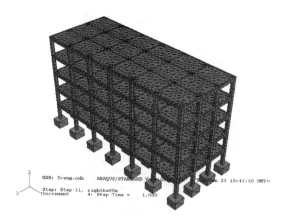

图 3-50　电教楼和基础有限元模型

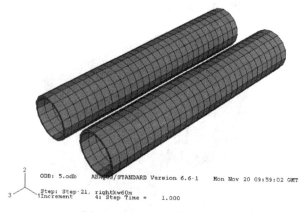

图 3-51　管片的有限元模型

第3章 基于有限元仿真的隧道施工诱发邻近建筑物安全风险机理分析

模拟分析结果显示：五层框架结构随盾构推进，其沉降可通过其基础的沉降得到，见表 3-11。通过有限元计算得到建筑物 A-1，A-7，D-1，D-7 四个角点处基础的沉降，表中 x 方向（隧道横断面方向）倾斜率是指Ⓐ轴线上基础沉降最大值与最小值之差除以基础间的水平距离（取 30m），z 方向（隧道推进方向）倾斜率指①轴线上基础沉降最大值与最小值之差除以基础间的水平距离（取 12m）。

由表 3-11 可知，当左线开挖到 60m 时，建筑物在 x 方向的倾斜率达到最大值 0.0037，此时基础的最大沉降为 9.72cm；当左线开挖 12m 时，z 方向的倾斜率最大，其值为 0.0030，此时基础最大沉降为 3.99cm。对多层或高层建筑基础的倾斜，建筑物高度小于 24m 时，规范容许倾斜为 0.004。计算表明，隧道上方建筑物两方向的倾斜均在容许范围内。

五层建筑物基础的沉降 表 3-11

开挖	推进距离 (m)	基础中心沉降值(mm)				x方向沉降差 (mm)	z方向沉降差(mm)	x方向倾斜率	z方向倾斜率
		A-1	A-7	D-1	D-7				
左线开挖	12	−39.87	−7.03	−4.30	+14.48	32.84	35.57	0.0011	0.0030
	24	−79.90	−1.11	−45.30	+18.08	78.79	34.60	0.0027	0.0029
	36	−90.37	+6.58	−67.95	+17.86	96.95	22.42	0.0032	0.0011
	48	−96.84	+13.27	−83.33	+20.49	110.11	13.51	0.0036	0.0011
	60	−97.17	+15.02	−86.44	+21.60	112.19	10.73	0.0037	0.0009
右线开挖	12	−95.02	−13.00	−75.29	+19.14	82.02	19.73	0.0027	0.0016
	24	−85.66	−45.63	−68.08	−17.01	40.03	17.58	0.0013	0.0015
	36	−79.88	−52.93	−66.21	−35.60	26.95	13.67	0.0009	0.0012
	48	−76.75	−56.61	−63.76	−43.19	20.14	12.99	0.0007	0.0010
	60	−76.06	−56.87	−63.06	−44.40	19.19	13.00	0.0006	0.0011

五层建筑物基础 x 方向的水平位移 表 3-12

开挖	推进距离 (m)	x方向基础中心水平位移 (mm)				x方向水平位移差值(mm)		x方向水平应变	
		A-1	A-7	D-1	D-7	Ⓐ轴线	Ⓓ轴线	Ⓐ轴线	Ⓓ轴线
左线开挖	12	+4.279	+4.542	−0.957	+2.853	0.263	3.810	8.77E-6	1.27E-4
	24	+4.704	+6.969	−0.015	+3.404	−2.265	3.419	−7.55E-5	1.14E-4
	36	+4.117	+7.713	+2.321	+5.880	3.596	3.559	1.20E-4	1.19E-4
	48	+4.016	+8.037	+4.045	+8.387	4.021	4.342	1.34E-4	1.45E-4
	60	+3.960	+8.046	+5.230	+10.07	4.086	4.840	1.36E-4	1.61E-4

续表

开挖	推进距离(m)	x方向基础中心水平位移(mm)				x方向水平位移差值(mm)		x方向水平应变	
		A-1	A-7	D-1	D-7	Ⓐ轴线	Ⓓ轴线	Ⓐ轴线	Ⓓ轴线
右线开挖	12	+2.824	+0.953	+5.224	+10.75	−1.871	5.526	−6.24E-5	1.84E-4
	24	+4.814	+0.874	+6.182	+7.636	−3.940	1.454	−1.31E-4	4.85E-5
	36	+7.799	+3.601	+6.475	+5.558	−4.198	−0.917	−1.40E-4	−3.06E-5
	48	+8.792	+4.566	+6.617	+5.557	−4.226	−1.060	−1.41E-4	−3.53E-5
	60	+9.119	+4.885	+6.587	+5.530	−4.234	−1.057	−1.41E-4	−3.52E-5

五层建筑物基础 z 方向的水平位移　　　　表3-13

开挖	推进距离(m)	z方向基础中心水平位移(mm)				z方向水平位移差值(mm)		z方向水平应变	
		A-1	A-7	D-1	D-7	①轴线	⑦轴线	①轴线	⑦轴线
左线开挖	12	−1.702	−3.058	−3.708	−2.762	−2.01	0.296	−1.67E-4	2.47E-5
	24	−6.340	−7.052	−7.343	−6.935	−1.00	0.117	−8.36E-5	9.75E-6
	36	−14.14	−9.610	−16.53	−9.780	−2.39	−0.170	−1.99E-4	−1.42E-5
	48	−17.60	−8.907	−20.62	−8.736	−3.02	0.171	−2.52E-4	1.42E-5
	60	−19.30	−7.754	−22.64	−7.021	−3.34	0.733	−2.78E-4	6.11E-5
右线开挖	12	−21.13	−7.464	−24.79	−10.79	−3.66	−3.326	−3.05E-4	−2.77E-4
	24	−22.20	−14.73	−26.36	−14.92	−4.16	−0.19	−3.47E-4	−1.58E-5
	36	−22.47	−22.17	−26.94	−25.35	−4.47	−3.18	−3.73E-4	−2.65E-4
	48	−22.22	−24.10	−26.71	−28.29	−4.49	−4.19	−3.74E-4	−3.49E-4
	60	−22.02	−24.70	−26.44	−29.05	−4.42	−4.35	−3.68E-4	−3.63E-4

表3-12、表3-13分别反映了五层框架结构在 x、z 方向的整体水平应变，表中应变值符号为正代表拉应变，为负代表压应变。

当右线开挖12m时，x方向水平拉应变达到最大值 1.84×10^{-4}；当右线开挖60m时，x方向水平压应变达到最大值 -1.41×10^{-4}；当左线开挖12m时，z方向水平拉应变达到最大值 2.47×10^{-5}；当右线开挖到48m时，z方向水平压应变达到最大值 -3.74×10^{-4}。混凝土极限拉应变在 $(0.5\sim2.7)\times10^{-4}$ 范围内，此处取平均值 1.6×10^{-4} 为参考值进行比较。可见，盾构推进时，x方向主要以拉应变为主，且大部分拉应变小于 1.6×10^{-4}，当开挖到右线12m时，拉应变 $1.84\times10^{-4}>1.6\times10^{-4}$，说明在 x方向上结构的部分构件如板、梁、柱可能开裂。z方向上拉应变最大值为 $2.47\times10^{-5}<1.6\times10^{-4}$，且结构在 x、z方向的压应变最大值都小于混凝土的极限压应变值 3.3×10^{-3}。

图 3-52 和图 3-53 表明，左线开挖 60m 时，距离开挖起始面 10m、30m 和 50m 的地表最大沉降在左隧地表上，左隧地表的沉降分别为 88.94mm、77.17mm、66.03mm；右隧开挖 60m 时，距离开挖起始面 10m、30m 和 50m 的左隧地表的沉降为 66.15mm、63.84mm、44.75mm；两隧道中间的沉降分别为 78.48mm、65.42mm、44.59mm；右隧地表沉降分别为 66.21mm、49.72mm、34.25mm。

图示结果表明，无论左线开挖 60m，还是右线开挖 60m，其后方地表的沉降比开挖面附近的地表沉降要大，与前述纵向地表沉降规律一致。

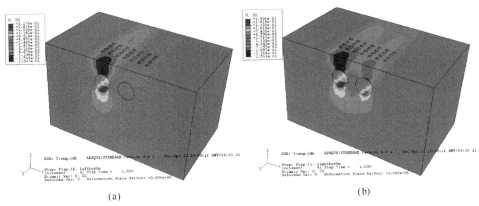

图 3-52 隧道开挖 60m 时地层沉降云图
（a）左线；（b）右线

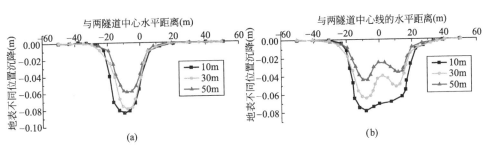

图 3-53 隧道开挖 60m 时地表沉降
（a）左线；（b）右线

图 3-54～图 3-55 给出了在不同地面荷载情况下，不同位置的地表横向沉降。图 3-54（a）表示在距离开挖起始面 10m 的地表（建筑物所处的位置附近）沉降。由图 3-54 可见，只考虑基础不考虑上部荷载时的地表沉降比考虑上部荷载要小，三层建筑物的地表沉降明显比五层建筑物的地表沉降小，建筑物附近地表的沉降与建筑的层高存在对应关系。图 3-54（b）给出了距离起始面 30m（距建筑物约 10m）不同荷载情况下的地表沉降情况，其规律与图 3-54（a）相同。

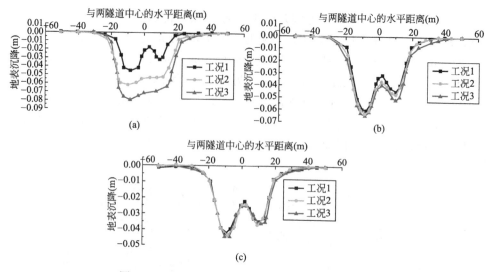

图 3-54 右隧开挖 60m 时不同开挖面处地表沉降
(a) 距离开挖起始面 10m 处；(b) 距离开挖起始面 30m 处；(c) 距离开挖起始面 50m 处

图 3-54 (c) 给出了在距离开挖起始面 50m (距建筑物 30m) 的地表沉降：在距建筑物较远时，地表沉降相差不大且地表沉降对建筑物的影响不大。

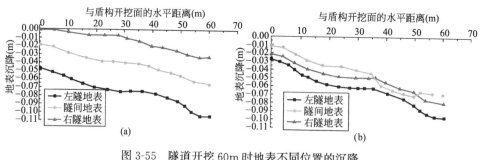

图 3-55 隧道开挖 60m 时地表不同位置的沉降
(a) 左隧；(b) 右隧

图 3-55 分别给出了左隧和右隧开挖 60m 时，隧道上方地表的纵向沉降。由图 3-55 可见，当左隧开挖 60m 时，左隧上方地表沉降比隧间和右隧地表沉降要大，其不同位置截面的沉降规律与横向沉降的规律一致。右隧开挖 60m 时，隧道上方地表沉降大致与左线开挖时一致，在开挖面后方 30～50m 范围内（建筑物基础所在位置）的沉降曲线大致呈线性，这表明此处地基基础刚度较大，即建筑物的基础对其附近地层有加强作用。

图 3-56 给出了不同盾构开挖距离时，五层建筑物Ⓐ轴线上基础的沉降曲线，其中 L12m～L60m 代表左线开挖 12m 到左线开挖 60m，R12m～R60m 代表右线开挖 12m 到右线开挖 60m。按建筑物与隧道开挖面的空间位置关系，

当开挖面在 12m 时,表示盾构机刀盘到达建筑物下部;当开挖在 24m 时,表示盾构机正在通过建筑物下部,当开挖面在 36m 时,表示盾构机尾部离开建筑物下部。

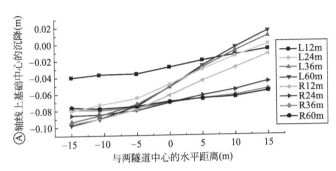

图 3-56　隧道开挖过程引起建筑物Ⓐ轴线上基础的沉降

图 3-56 表明,左线开挖时,基础两边的不均匀沉降明显比右线开挖时大,右线开挖对基础的不均匀沉降起到一定的纠偏作用。进一步分析可知,不论左线开挖,还是右线开挖,当开挖面在 12～24m 时基础不均沉降的变化相对于开挖面在 24～60m 时变化更大。这表明盾构机通过时,对地表和建筑物基础不均匀沉降的影响较大。

图 3-57 给出了在不同盾构开挖步时,五层建筑物Ⓐ轴线上基础在 x 方向上的水平位移。可见,左线开挖时,水平位移主要集中在左边部分基础,基础向隧道一侧移动,与基础沉降受开挖影响类似,盾构机通过建筑物附近时,基础的水平位移较大,随盾构开挖进行,相邻基础间的水平位移差值逐渐增加,这表明结构的局部变形增加。

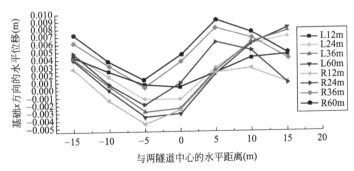

图 3-57　隧道开挖过程引起建筑物Ⓐ轴线上基础 x 方向水平位移

图 3-58、图 3-59 给出了 L60m(即左线开挖 60m 时)、R60m(即右线开挖 60m 时),Ⓐ、Ⓓ轴线上基础沉降和基础 x 方向上水平位移。由于建筑物前后基础沉降不同,可能导致建筑物在其垂直面上产生扭转变形;同理,由于建筑物基础在 x 方

向的水平位移的差异，也可能导致建筑物在其水平面上产生扭转变形。

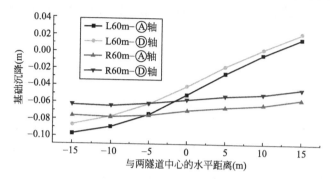

图 3-58　建筑物Ⓐ、Ⓓ轴线上基础沉降

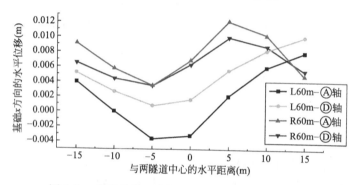

图 3-59　建筑物Ⓐ、Ⓓ轴线上基础 x 方向水平位移

图 3-58 表明，左、右线开挖 60m 时，Ⓐ、Ⓓ轴线上基础沉降存在差异，右线开挖 60m 的差异比左线开挖 60m 大，说明建筑物在其垂直面上的扭转变形右线开挖 60m 比左线开挖 60m 大。

图 3-59 说明建筑物水平面上产生的扭转变形左线开挖比右线开挖大。

图 3-60 表明，基础的沉降与建筑物的层数有相应关系，五层建筑物基础沉降明显大于没有建筑物和有三层建筑的情况。图 3-60 中还表明上部结构对基础具有一定的约束作用，只考虑基础的工况下，其沉降曲线不具备上部有建筑物的沉降曲线的连续性。

图 3-61 给出了建筑物结构构件的第一主应力（S1），随隧道开挖的变化情况。构件单元的第一主应力（S1）反映了构件的拉应力集中区域。开挖左线隧道时，结构构件拉应力区域主要在结构左边，集中在二层底梁柱节点处；当开挖右线隧道时，拉应力集中区域开始分布在结构左、右两边。如按 C25 混凝土的考虑，轴心抗拉强度为 $f_{tk}=1.78$MPa。图 3-61 中拉应力集中区域应力值约为 1.7～2.7MPa。这些区域在盾构过程中可能出现裂缝，施工时应引起重视，以确保隧道地表建筑物的安全和正常使用。

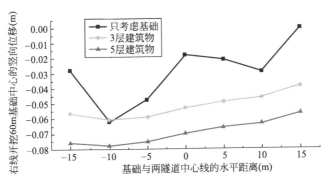

图 3-60　不同工况下右线开挖 60m 时，Ⓐ轴线上基础的沉降

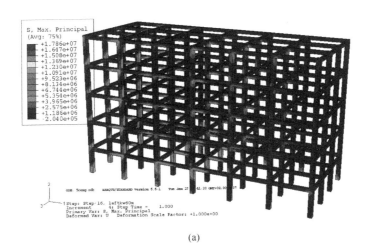

(a)

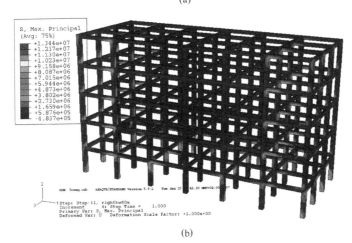

(b)

图 3-61　隧道开挖 60m 时，结构构件的第一主应力（S1）云图
　　　　（a）左线开挖；（b）右线开挖

第4章
基于模糊物元理论的隧道施工邻近建筑物风险预评价

隧道施工会对周围土体产生一定扰动，从而引起土体变形和地表沉降，进而会对邻近建筑物的安全产生较为明显的影响。尤其对于城市地铁，一般都穿越城市中心地带，因建筑物密集、施工场地狭小、地质情况复杂、地下管网密布、交通繁忙、施工条件受限，更需要严格控制地表沉降。然而地铁隧道施工邻近建筑物安全评价是一个复杂的问题，影响因素较多，且各种因素既独立作用，又相互约束。因此，分析地铁施工对邻近建筑物的影响因素及其组合，并在此基础上建立地铁施工的邻近建筑物安全性评价体系，通过分级评价为不同等级的邻近建筑物提供有效的安全控制应对方案，进而保证地铁施工及邻近建筑物的安全。另外，在分级评价的基础上，通过对影响因素进行敏感性分析，找出影响建筑物的重要因素，进而提出针对重要因素的安全控制措施，这将使隧道施工中的建筑物安全保护工作达到事半功倍的效果。所以，在分析影响因素的基础上，本章利用物元理论构建评价模型进行评价，并利用蒙特卡洛进行因素敏感性分析。

4.1 隧道施工邻近建筑物安全因素分析

4.1.1 地铁施工与邻近建筑物的作用机理分析

当地铁施工经过邻近建筑物时，隧道结构、周围土体、建筑物基础以及上部结构处于一个共同作用体系中，四者之间既相互影响，又相互作用，直至形成最终的稳定平衡状态。

在地铁隧道工程施工的整个过程中，周围土体受到扰动，应力释放，引起土体内部应力的重新分布，产生地表变形。当地铁施工经过邻近建筑物时，施工引起的地层变形传递到建筑物的基础上，引起建筑物基础变形。基础变形造成基础承载力损失，同时建筑物基础出现一定沉降。建筑物基础的变形往往会引起上部结构的附加变形，导致上部结构不同程度的损害，影响上部结构的安全和正常使用。由上述分析不难看出，地铁施工引起的地层变形是影响邻近建筑结构是否存在安全隐患的决定性条件。地铁建设就是为了方便人的通行，为人们提供便利，本着这样的原则在施工过程中当然就不能影响人们的正常生活。为了保护施工影响区域内建筑物，一定做好监控量测，减小施工对土体的影响。

4.1.2 地铁施工邻近建筑物安全影响因素

地铁施工过程中对土体的作用是影响附近建筑物安全的决定性条件，竖向地层变形可能引起邻近建筑物基础沉降，水平地层变形会引起邻近建筑物桩基的附加侧向变形。因而地铁施工过程中邻近建筑物的安全与影响地层变形的因素息息相关，如土质参数、隧道结构参数、地铁施工方法和管理水平等。除了与地层变形的因素有关外，邻近建筑物受地铁施工的影响还与建筑物现状、建筑物基础与隧道之间的相对位置关系等因素有关。

本书通过大量文献的分析和工程实际经验的总结，将地铁施工对邻近建筑物安全的影响因素分为以下几种类型：如项目土体因素、周围环境因素、结构本身因素，还有就是在施工过程中采取的技术措施以及监管力度。下面将介绍这些因素如何影响安全。

1. 隧道工程条件

（1）隧道埋深

1969 年，Peck 对许多施工实例的沉降进行了统计分析。他表示整个过程如果用数学的方法可以归纳为正态曲线，如果施工现场无地下排水时，这个沉降量其实是等于地层损失量的，它们之间并无偏差。这就是著名的 Peck 公式。

Peck 公式在实践中应用最广。由此可以得到：地铁施工引起的地表沉降与隧道埋深密切相关，随着隧道埋深的增加，隧道开挖引起的地表沉降槽宽度也增加，但最大地表沉降值减小。当隧道埋深较小时，隧道开挖后周围土体急剧沉降，沉降量大，沉降持续时间较短，当隧道埋深较大时，周围土体沉降速率减小，沉降量较小，沉降持续时间较长。

（2）覆跨比

覆跨比（H/D）对地表沉降有较大的影响。覆跨比越小，隧道施工引起的地表沉降值越大。研究表明，当覆跨比 $H/D<0.5$ 时，地层随着隧道拱顶沉降急剧沉降；当覆跨比 $H/D=0.8\sim1.2$ 时开始形成地层承载拱；当覆跨比 $H/D\geqslant1.2$ 时，地层能充分形成承载拱，通过对开挖支护措施进行合理的设计和优化，能够将沉降量控制在合理范围以内，当覆跨比达 $2\sim3$ 时，隧道施工对地表沉降的影响明显减小。

(3) 地层损失

地层损失也是导致盾构隧道地表沉降的重要因素,研究表明,控制地层损失可以有效地控制地表沉降。而大量理论和实践也证明,最大沉降和地层损失率基本呈线性关系,随着地层损失率增加,最大沉降值也不断增加。

2. 土质条件

(1) 土质类型

在不同类型的土体中进行隧道施工,造成的地层变形具有较大的差异性。相同条件下,砂土中地表沉降槽宽度范围比黏土中小,地表沉降速度比黏土中大。

O'Reilly 和 New (1982) 根据伦敦地区的工程经验,提出黏性土沉降槽宽度系数计算公式为 $i=0.43Z+1.1$,粒性土为 $i=0.28Z-0.1$。Mair 等 (1993) 提出 $i=kZ$,即认为沉降槽宽度 i 和隧道中线埋深 Z 存在简单的线性关系,系数为 k,对于黏性土层 k 值可取 0.5,对于砂性土或砾性土 k 值可取 0.25。Burland J B (2001) 等研究了 k 值的取值范围,认为当土质状况为无黏性土时,$k=0.2\sim 0.3$;当土质状况为黏性土时,$k=0.4\sim 0.5$,当土质状况为软黏土时,$k=0.7$。

Attewell 提出沉降槽宽度系数的计算公式为:

$$i=kR(Z/2R)^n \tag{4-1}$$

式中,k,n 为与土体性质和施工因素相关的常数。

(2) 内摩擦角

张志华 (2013) 等以郑州地铁现场监测数据为基础条件,针对施工时有一定程度沉降的土,做了相应的实验,同时也做了一些关于敏感方面的实验研究。研究结果表明影响地表沉降的主要土体力学参数敏感度依次为内摩擦角、弹性模量、黏聚力、泊松比。

内摩擦角能够表示抵抗剪力的能力(开挖范围内土体),也就是说在整个工程进行的时候,其数值大小能够对土体的沉降量有较大影响。根据相关学者的研究,得到土体内摩擦角影响地表沉降的一般规律为:地铁施工引起的地表沉降随着土体内摩擦角的增大而逐渐减小。

(3) 弹性模量

土体在完全侧限条件下,竖向应力增量与相应的应变增量之比称为压缩模量,可通过室内压缩试验获得;土体在部分侧方位受到一定约束时,其内部产生的应力会有所增加,这个增量除以应变增量就是通常所说的土体的相应变形模量(这个数值能够根据试验得到)。工程施工范围内的土体弹性模量是指正应力与弹性正应变的比值,可通过三轴压缩试验得到。根据定义可知,压缩模量和变形模量的应变既包括弹性应变也包括塑性应变,弹性模量只包含弹性应变,三者的适用范围不同。本书选择弹性模量作为表征参数,一般情况下,土体弹性模量是压缩模量和变形模量的十几倍或更大。根据相关学者的研究,得到弹性模量对地表沉降产生影响的一般规律为：弹性模量越大，隧道施工引起的地表沉降越小。

（4）黏聚力

与内摩擦角一样，土体黏聚力的大小反应了土体的抗剪强度，对地表沉降同样有着重要的影响。根据李小青的研究，地表沉降值随着土壤黏聚力增大而减小，且当覆跨比较小时，黏聚力对地表沉降的影响较大。

（5）泊松比

土体泊松比是反映土体侧向变形的重要参数，根据研究，泊松比对地表沉降的影响较小，通常地表沉降随着泊松比的增大而减小。随着隧道埋深的增加，泊松比对地表沉降的影响逐渐减小。

（6）土体密度

土体密度是不同土体类型所具有的重要参数，土体密度的不同对隧道施工地表沉降的大小有较大的影响。研究表明，通常地面表层的沉降量会随着土体密度的增加而呈减小趋势。其中要注意的是黏性土质或者中砂性土质的土体，其密度较大，沉降的变化还会受到开挖土体深度的影响，随着深度的增大而变小。

3. 建筑物自身条件

（1）建筑物基础特征

① 建筑物基础类型

建筑物基础形式不同，对其安全产生的影响也不同，如箱形基础整体性较好，同时还具有很高的抵抗变化的特性。可以按照基础形式将它们进行分类：通常分为独立、条形或是筏形基础，桩基也是一种类型。其中按构造又分为筏形基础和箱形基础两种。各种基础结构特点以及承载力和抗变形能力分析见表 4-1。

各种基础结构特点以及承载力和抗变形能力分析表　　表 4-1

基础类型	结构特点	承载力	抗变形能力
条形基础	建筑物采用砖墙承重	小	小
独立基础	建筑物上部为框架结构或单独柱子	较小	较小
筏形基础	它可以看作是将条形基础通过一些板将其连接到一起。这看起来就像是一种连片的结构类型。通常被应用在地上结构为地下室或是半地下室，结构地下土质不稳定或者是结构上部要承受很大的荷载等情形	一般	一般
箱形基础	这种箱形基础非常方便施工，通常基础埋深会大一些，尤其在有地下室的情况下，它可以利用混凝土将其余地下室的地板浇筑成为一个整体结构，也就成了"箱形"	较大	较大
桩基	当结构的地下土层（软弱层）厚度较大的时候，无法采用埋深较浅的基础，因为其无法达到一定的承载能力，这种情况采用桩基础是最合适的	大	大

② 建筑物基础完整性

建筑物基础完整性会对基础承载力产生不同影响，基础完整性越好，承载力越高，抗变形能力越强。根据基础完整性检测的结果，可以将桩基进行分类，分类标准见表 4-2。

基础完整性分类标准　　　　　　　　　　　　　　　　　表 4-2

基础完整性类别	分类标准
Ⅰ类	无任何不利缺陷，基础结构完整
Ⅱ类	有轻度不利缺陷，但不影响或基本不影响原设计的基础结构强度及截面面积
Ⅲ类	有明显不利缺陷，影响原设计的基础结构强度及截面面积
Ⅳ类	有严重不利缺陷，严重影响原设计的基础结构强度及截面面积

（2）建筑物上部结构特征

① 建筑物上部结构类型

由于建筑物的结构类型不同，它们阻碍结构变化的能力是不一样的。通常情况下将其划分为四种结构类型：砖结构建筑（或木结构）、砖与混凝土混合结构（砖混）、钢筋混凝土建筑结构，还有钢结构。在非特定的场合和条件下，按照这个顺序，它们的抵抗能力是逐级增加的。

② 建筑物上部结构安全现状

参考《房屋完损等级评定标准》（试行），将各类房屋的结构、装修和设备等组成部分按照不同损坏程度分成完好房、基本完好房、一般损坏房、严重损坏房、危险房 5 类。

（3）建筑物的重要程度

在通常情况下，如果建筑物在建设时就作为重点工程项目，那么在建设过程中对于安全问题的关注度肯定高于其他普通项目。建筑物按照建设目的以及其重要程度的不同分为特等及甲乙丙丁 5 个级别，具体划分见表 4-3。

建筑物重要程度等级　　　　　　　　　　　　　　　　　表 4-3

等级	重要性
特等	具有重大纪念性、历史性、国际性和国家级各类建筑
甲等	高级居住建筑和公共建筑
乙等	中级居住建筑和公共建筑
丙等	一般居住建筑和公共建筑
丁等	低标准的居住建筑和公共建筑

(4) 邻近关系

邻近关系指的是与隧道距离远近的关联。这个因素对于沉降量的研究具有很重要的意义,因此它是沉降的一个关键原因。通过一系列的研究发现,当这个距离加大时,沉降量就会随之变少,反之则会增加。邻近建筑物受地铁隧道工程作用的决定性的因素就是它们之间的距离,这个距离带来的影响非常大。根据建筑物与隧道的相对位置关系,可以将桩大致分为四类:①隧道上方建筑物,即建筑物基础位于隧道正上方,桩轴线在隧道范围内的基础;②隧道上侧建筑物,建筑物基础位于隧道侧上方,建筑物基础轴线不穿过隧道范围,且建筑物基础全部位于松动区内;③隧道中侧建筑物,建筑物轴向在竖直方向上位于隧道中侧,建筑物基础大部分位于松动区内;④隧道下侧桩,建筑物基础在竖直方向上位于隧道下方,建筑物基础部分位于非松动区内。

本书在分析建筑物基础与隧道相对位置这一影响因素时,进一步细分为建筑物基础与隧道的相对水平位置、基础与隧道的相对垂直位置。根据建筑物基础与隧道的相对位置,规定 e 为建筑物基础跟隧道中线间的距离(水平方向上),h 指的则是拱顶到基底的深度(垂直方向上)(负数表示桩基底部位于拱顶平面上方,正数表示桩基底部位于拱顶平面下方),以桩基建筑物为例,如图 4-1 所示。用建筑物基础轴线偏离隧道中轴线的距离(e)与隧道直径(D)的比值,即 e/D 表征"建筑物基础与隧道的相对水平位置";用建筑物基础底部距拱顶平面的垂直距离(h)与隧道直径(D)的比值,即 h/D 表征"建筑物基础与隧道的相对垂直位置"。

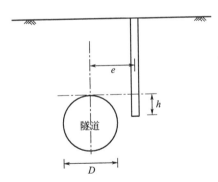

图 4-1 建筑物基础(桩基础)与隧道位置参数示意

① 建筑物基础与隧道的相对水平位置

关于建筑物基础(尤其是桩基础)与隧道的相对水平位置对建筑物桩基础沉降和承载力的影响,国内外学者都进行过相关研究。

Hergarden 等(1996)通过离心模型试验研究了不同位置隧道施工对端承桩沉降和桩基承载力的影响,研究结果表明当桩基与隧道之间的水平距离小于

0.25D（D 为隧道直径）时，桩基将受到严重影响；当这个数值在 0.25D～D 范围内时，沉降量就会受到与距离隧道的远近程度以及土质损耗多少的影响，随着它们的改变而变化。如果这个数值持续增大到 2D 甚至更大时，其影响程度非常微小，可以忽略不计。

周正宇（2012）选择北京地铁区间标准断面，采用数值模拟的方法进行隧道与桩基空间位置关系分析研究。周正宇在给定土质参数、隧道参数、桩基参数和施工方法的条件下，模拟了 h/D 在 -1～1.5（负数表示桩基底部位于拱顶平面上方，正数表示桩基底部位于拱顶平面下方）之间变化时，桩基与隧道水平距离的变化对桩基沉降和桩身最大倾斜的影响，研究结果如图 4-2 所示。从图 4-2 中可以看出，隧道施工对桩基沉降的影响随着 e/D 增加而逐渐减小，变化规律与 Hergarden 的研究结果一致。随着桩端深度的增加，水平距离对桩基沉降的影响不断减小。

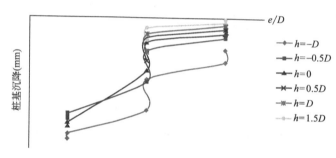

图 4-2　桩基沉降与相对水平位置关系曲线

② 桩基与隧道的相对垂直位置

基础与隧道的相对垂直位置用桩基底部距拱顶平面的垂直距离（h）与隧道跨度（D）的比值，即 h/D 表示，其中 h 为负数时表示基础底部位于拱顶平面上方，正数时表示桩基底部位于拱顶平面下方。

周正宇选择北京地铁区间标准断面，采用数值模拟的方法进行隧道与桩基空间位置关系分析研究。周正宇在给定土质参数、隧道参数、桩基参数和施工方法的条件下，模拟了 e/D 在 0～2.5 之间变化时，桩基与隧道垂直距离的变化对桩基沉降的影响，研究结果如图 4-3 所示。由图 4-3 可以知，当 $e/D=0$ 或 0.5 时，桩基位于隧道上方松动区，桩基沉降普遍较大；当 $e/D \geqslant 1$ 时，桩基沉降随 h 的增加逐渐减小，表明桩基越长隧道施工造成的桩基沉降值越小。

4. 施工方法及管理水平

地铁施工不可避免地会破坏附近土体已有的平衡状态，使邻近建筑物产生附加变形。地铁施工及管理水平对邻近建筑物的安全存在较大影响。本书主要从施工方法、施工管理水平、监测水平三方面研究隧道施工对邻近建筑物的影响。

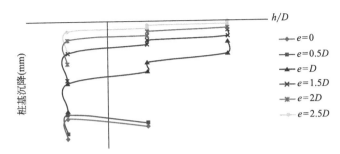

图 4-3 基础沉降与相对垂直位置关系曲线

(1) 施工方法

地铁隧道施工中常用的方法主要有泥水平衡盾构、土压平衡盾构、浅埋暗挖法、盖挖法和明挖法等。不同施工方法的开挖断面、开挖顺序和支护方式都不同，不难理解的是，当采用的施工方法不同时，它们对土体的影响程度是不同的，有些甚至差别较大，即不同的施工工艺会对周围的建筑结构带来不同程度的影响。

施工速度对地层沉降及基础变形也有明显影响。由于地层沉降具有时间效应，如果在土方开挖过程中耗费的时间很长，那么所观测的沉降量也就会变大。反之如果加快了施工速度，缩短工期，那么土方工作面在空气中暴露的时间就会减少，这就会减少一定的地表应力，沉降量随之减少。如果想使沉降量变小，加快工程的进展速度，尽可能减少施工的时间是最直接的方法。

(2) 施工管理水平

地铁施工管理水平的高低也会对邻近建筑物的变形产生影响。地铁施工具有很强的复杂性和不确定性，利用信息化技术对地铁施工过程进行密切关注和动态管理，是有效控制沉降的管理方法。此外，还应通过建立健全各类制度，规范作业行为，提高作业人员素质，加强设备运行管理等措施提高施工管理水平，有效降低地铁施工引起的地表沉降，减轻地铁施工对邻近建筑物的影响。

(3) 监测水平

项目监测水平的高低，关系到能否准确客观地分析项目中各相关环节的安全状态，会影响进一步决策。监测水平是定性描述因素，一般通过监测方法、监测手段、监测设施以及监测人员的素质等因素来确定监测水平的高低。

4.1.3 地铁施工邻近建筑物安全风险评价指标体系建立

上文已经对盾构隧道施工对周边环境的一系列影响进行了深入研究和探讨，

比如工程地质情况、周围建筑的本身特性、施工方法，还有管理方式等。通过这些方面的深入研究，建立了地铁隧道工程周围建筑物安全风险评价指标体系，见表4-4。

地铁施工诱发邻近建筑物安全风险评价指标体系　　　　表4-4

目标层	因素层	指标层
地铁施工邻近建筑物安全风险等级(T)	隧道工程条件(B1)	隧道埋深(C1)
		覆跨比(C2)
		地层损失(C3)
	土质条件(B2)	土质类型(C4)
		内摩擦角(C5)
		弹性模量(C6)
		黏聚力(C7)
		泊松比(C8)
		土体密度(C9)
	建筑物自身条件(B3)	建筑物基础类型(C10)
		建筑物基础完损情况(C11)
		建筑物上部结构类型(C12)
		建筑物上部结构完损情况(C13)
		建筑物的重要程度(C14)
		相对水平位置(C15)
	施工方法及管理水平(B4)	相对垂直位置(C16)
		施工方法(C17)
		施工管理水平(C18)
		施工技术条件(C19)

4.1.4　建筑物安全分析等级划分标准

国内外的很多学者在建筑物安全分析等级划分标准方面已经取得了一定的成果，本书在这些成果的基础上，对安全性进行更多的分析和探讨，将邻近建筑物安全综合等级及其物元指标分为5级。根据本书分析结果和大量工程实例及数值仿真分析，对各指标进行量化，然后确定指标等级划分标准，其中定量指标以实际测量值作为指标值，而定性指标采取百分值并通过专家评价确定指标值。各指标安全等级划分标准见表4-5，邻近建筑物安全综合等级划分标准及控制措施见表4-6。

各指标安全等级划分标准　　　　　　　　　　表 4-5

要素	技术指标	一级	二级	三级	四级	五级
隧道关键要素	C1 隧道埋深(m)	(20,40)	(14,20)	(10,14)	(5,10)	(0,5)
	C2 覆跨比	(3,5)	(2,3)	(1,2)	(0.5,1)	(0,0.5)
	C3 地层损失(%)	(0,0.5)	(0.5,1)	(1,1.5)	(1.5,2)	(2,3)
土体性质	C4 土质类型	(80,100)	(60,80)	(40,60)	(20,40)	(0,20)
	C5 内摩擦角(°)	(25,45)	(15,25)	(10,15)	(5,10)	(0,5)
	C6 弹性模量(MPa)	(40,60)	(20,40)	(10,20)	(5,10)	(0,5)
	C7 黏聚力(KPa)	(20,25)	(15,20)	(10,15)	(5,10)	(0,5)
	C8 泊松比	(0.4,0.5)	(0.3,0.4)	(0.2,0.3)	(0.1,0.2)	(0,0.1)
	C9 土体密度(g/cm^3)	(3.0,2.4)	(2.4,2.0)	(1.6,2.0)	(1.4,1.6)	(1.0,1.4)
建筑物自身条件	C10 基础类型(分)	(80,100)	(60,80)	(40,60)	(20,40)	(0,20)
	C11 基础完损情况(分)	(80,100)	(60,80)	(40,60)	(20,40)	(0,20)
	C12 上部类型(分)	(80,100)	(60,80)	(40,60)	(20,40)	(0,20)
	C13 上部完损情况(分)	(80,100)	(60,80)	(40,60)	(20,40)	(0,20)
	C14 重要程度(分)	(80,100)	(60,80)	(40,60)	(20,40)	(0,20)
	C15 相对水平位置(e/D)	(2,2.5)	(1.5,2)	(1,1.5)	(0.5,1)	(0,0.5)
	C16 相对垂直位置(h/D)	(1,1.5)	(0.5,1)	(0,0.5)	(−0.5,0)	(−1,−0.5)
施工方法及管理水平	C17 施工方法(分)	(80,100)	(60,80)	(40,60)	(20,40)	(0,20)
	C18 管理水平(分)	(80,100)	(60,80)	(40,60)	(20,40)	(0,20)
	C19 施工技术条件(分)	(80,100)	(60,80)	(40,60)	(20,40)	(0,20)

邻近建筑物安全综合等级划分标准及控制措施　　　　　表 4-6

安全等级	量值	保护原则	控制措施	顺序
一级（安全）	(80,100)	无保护	施工方案、支护措施优化；准备施工隔离、土体加固等应急预案；施工中正常监测；施工后评估	先施工后加固
二级（较安全）	(60,80)	简单保护	施工方案、支护措施优化；准备施工隔离、土体加固等应急预案；施工中正常监测，必要时采取土体加固等一般性保护措施；施工后评估	边施工边加固
三级（基本安全）	(40,60)	一般保护	施工方案、支护措施优化；采取施工隔离、土体加固等主动防护措施；准备建筑物基础加固的应急预案；施工中加强监测；施工后评估	边施工边加固

续表

安全等级	量值	保护原则	控制措施	顺序
四级（较危险）	(20,40)	重点保护	施工方案、支持措施的完善；采取施工隔离、土体加固、对基础部分进行围护等一系列的保护措施；同时在施工中要全面的监测并记录相关数据；施工后评估	先加固后施工
五级（危险）	(0,20)	特殊保护	施工方案、支持措施优化；采取施工隔离、土体加固、桩基加固、上部结构加固等主动防护措施；准备上部结构顶升的应急预案；施工中严密监测；施工后评估	先加固后施工

4.2 隧道施工邻近建筑物安全评价分析

4.2.1 模糊物元知识表示

1. 物元的基本概念

所谓物元，就是利用事物、量值、特征这些简单的因素，通过相关的拓展，从而来表述一个元的概念。如果在这个表述的过程中能够用一些字母参数来表达就能够得到式（4-2）。

$$R = \begin{bmatrix} & M \\ C & \mu(x) \end{bmatrix} \tag{4-2}$$

式中 R——物元；

M——事物；

C——M 的特征指标；

x——此时的 C 所代表的对应值。

如果事物 M 有 n 个特征 C_1，$C_2 \cdots C_n$ 及其相对应的量值 x_1，$x_2 \cdots x_n$，则称为 n 维物元，记作

$$R_n = \begin{bmatrix} & M \\ C_1 & x_1 \\ C_2 & x_2 \\ \vdots & \vdots \\ C_n & x_n \end{bmatrix} \tag{4-3}$$

若 m 个事物用 n 个共同特征 C_1，$C_2 \cdots C_n$ 及其相对应的量值 x_{1i}，$x_{2i} \cdots x_{mi}$（$i=1, 2 \cdots n$）来描述，则这样的物元称为 m 个事物的 n 维复合物元，记作

$$R_{mn} = \begin{bmatrix} & M_1 & M_2 & \cdots & M_m \\ C_1 & x_{11} & x_{21} & \cdots & x_{m1} \\ C_2 & x_{12} & x_{22} & \cdots & x_{m2} \\ \vdots & \vdots & \vdots & \cdots & \vdots \\ C_n & x_{1n} & x_{2n} & \cdots & x_{mn} \end{bmatrix} \qquad (4\text{-}4)$$

(1) 标准事物 n 维物元

上文中提到的物元 R 可以拥有 n 个不同维数，而在这些涉及的相关量中如果每个数值都能够满足需求，那么就可以称其为 R_{0n}，即所说的标准事物 n 维物元，见式 (4-5)。

$$R_{0n} = \begin{bmatrix} & M_0 \\ C_1 & x_{01} \\ C_2 & x_{02} \\ \vdots & \vdots \\ C_n & x_{0n} \end{bmatrix} \qquad (4\text{-}5)$$

式中，M_0 表示标准事物。标准事物是其他事物的比较标准。标准物元的各项量值由所有事物的从优隶属度中的最大值或最小值确定。

(2) 权重复合物元

如果想要引用一些物元方面的概念，那么就需要准确计算出每一个相关因素的权重。通常情况下，R_w 为这些因素权重的一个和，如果采用参数 w_i 来描述一个因素的权重，那么可以应用式 (4-6) 来表示。

$$R_w = \begin{bmatrix} & C_1 & C_2 & \cdots & C_n \\ w_i & w_1 & w_2 & \cdots & w_n \end{bmatrix} \qquad (4\text{-}6)$$

式中，i 可以取从 1 开始的任意自然数。

由于不同的事物在特性上都是具有不同等级的，那么它们不同等级的特性带有的权重也就分为很多个不同级数，详见式 (4-7)。

$$R_w = \begin{bmatrix} & C_1 & C_2 & \cdots & C_n \\ w_i & w_1 & w_2 & \cdots & w_n \\ & C_{11}C_{12}\cdots C_{1p} & C_{21}C_{22}\cdots C_{2p} & \cdots & C_{n1}C_{n2}\cdots C_{np} \\ w_{ik} & w_{11}w_{12}\cdots w_{1p} & w_{21}w_{22}\cdots w_{2p} & \cdots & w_{n1}w_{n2}\cdots w_{np} \end{bmatrix} \qquad (4\text{-}7)$$

式中　C_{ik}——第 i 项特性带有第 k 项等级的特点；

　　　w_i——第 i 项相应的权重。

2. 隶属函数和从优隶属原则

关于隶属概念可以通过一个式子来表示。在 [0，1] 这个长度为 1 的区间之内，将其包含的所有数用 $X = \{x\}$ 来表示，那么这就形成了一个模糊的对应映射关系，这个对应的关系可以称为 $\mu_A(x)$，可以省去大写字母 A 将其简化

为 $\mu(x)$。即隶属指的是用一个映射的关系式来笼统统计一个集合。在很多情况下会引用的式子包括有线性隶属函数、凹（凸）形隶属函数、正态隶属函数、岭形隶属函数以及梯形隶属函数等。上文提到的模糊量值即是事物 M 对于其特征 C 相应量值 x 根据相应的隶属函数经过运算得到的对应的隶属程度大小。

关于隶属方面的从优指的是，对于每个判断参数的数值来说，从某个方面选择一个最合适的方法就是从优的具体意思。在解释这个理论过程的基础上定义了从优隶属度，并建立了一定的规则。C_n 的量值 x_{ij} 是在先求得 M_m 事物后得到的，这是通过实际物元评价模型进而求得 n 个指标在 m 项方案的量值复合物元的前提条件。

有三种方法可以物元的特点为出发点求得 μ_{ij}（优隶属度）。

（1）越大越优型

$$\mu_{ij} = \frac{x_{ij}}{\max(x_{ij})} \quad (i=1,2\cdots m; j=1,2\cdots n) \tag{4-8}$$

（2）越小越优型

$$\mu_{ij} = \frac{\min(x_{ij})}{x_{ij}} \quad (i=1,2\cdots m; j=1,2\cdots n) \tag{4-9}$$

（3）适中型

$$\mu_{ij} = \frac{\min(x_{ij}, \mu_0)}{\max(x_{ij}, \mu_0)} \quad (i=1,2\cdots m; j=1,2\cdots n) \tag{4-10}$$

式中　μ_{ij}——第 i 个方法的第 j 个从优程度；
　　　x_{ij}——第 i 个方法的第 j 个特征量值；
　　　μ_0——是 1 个准确的数值，表示 1 个适当的值。

4.2.2　模糊物元评价模型建立

根据物元理论，本书建立了运用物元评价对事物进行评价的一般过程，如图 4-4 所示。

步骤 1：确定评价等级分类 V

对于问题的评价等级分类未给出的情况，首先需要建立评价等级分类。若评价等级已给出，则不需要进行这一步骤。评价等级是指评价主体对评价客体可能做出的各种评判结果。一般用 V 表示评价等级的分类集合：

$$V = \{v_1, v_2 \cdots v_m\} \tag{4-11}$$

式中，v_m 表示各种可能的评价结果，共有 m 种评价结果。

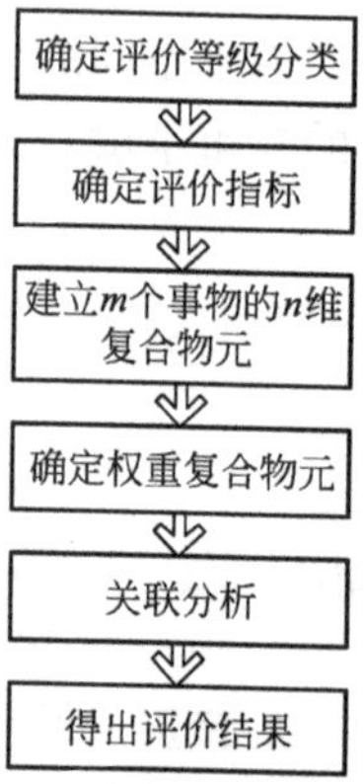

步骤 2：确定物元评价指标集合 F

图 4-4　物元评价理论的基本过程图

分析评价一个问题，往往会涉及很多影响因素，所以评价时首先要确定此问题的评价指标。而在确定评价指标时，必须先对所要评价的事物进行综合分析，以确定其主要影响因素。同时，还要确定每一影响因素针对不同的评价结果的单一判据取值范围。单一判据的取值范围可根据所要评价问题的相关资料加以确定。

一般用 F 表示评价指标集合，具体如下：

$$F=\{f_1,f_2\cdots f_n\} \quad i=1,2\cdots n \tag{4-12}$$

式中，f_n 表示第 i 个评价指标，即共有 n 个评价指标。

步骤 3：确定隶属函数并计算隶属度，建立复合物元 R_{mn}

一般根据决策者的经验来确定隶属函数，所以隶属函数带有主观性。但是也不能随意确定，一定要反应评价指标的客观规律和数据特征，否则将导致评价结果偏移。目前常用的隶属函数有线性隶属函数、正态隶属函数、岭形隶属函数以及梯形隶属函数等。常用的隶属函数的确定方法有模糊统计法、二元对比排序法、逻辑推理法以及专家评判法等。

确定隶属函数后，再根据各评价指标的单一判据取值范围确定各特征参数的值。然后将评价指标的值代入隶属函数，计算确定各评价指标的隶属度，即可获得隶属度复合物元 R_{mn}，即

$$R_{mn}=\begin{bmatrix} & M_1 & M_2 & \cdots & M_m \\ C_1 & x_{11} & x_{21} & \cdots & x_{m1} \\ C_2 & x_{12} & x_{22} & \cdots & x_{m2} \\ \vdots & \vdots & \vdots & \cdots & \vdots \\ C_n & x_{1n} & x_{2n} & \cdots & x_{mn} \end{bmatrix} \tag{4-13}$$

式中，x_{mn} 表示根据隶属函数得出的第 m 个事物的第 n 个评价指标的隶属度。

步骤 4：确定各评价指标的权重复合物元 R_w

确定评价指标的权重是物元评价过程中极为重要的一步。评价指标权重的少许偏差有可能造成评价结果的不准确。故在进行相关事物权重的确定时，一定要认真确立参数之间的联系和区别，从而对每个参数的重要性得出一个结论。

通常在判断这个权重的过程中，采用的方法大致可以分为两类：主观赋权法和客观赋权法。主观赋权方法的代表有：层次分析法（AHP），专家调查法等；客观赋权方法则包含最小二乘法、本征向量法及熵信息法等。顾名思义，主观赋权法不可避免的带有一定程度的主观偏好，但主观赋权法能够更加凸显指标中重要指标的地位，有代表性、有重点的进行赋权过程。为克服主观赋权法的不足，可在主观赋权以后引入客观赋权方法。

本书采用主观赋权与客观赋权方法结合来进行指标权重计算。其中主观权重采用五级标度赋值法，客观权重采用熵信息法。

(1) 五级标度赋值法确定主观权重

对指标权重进行主观赋值时，本书按照五级标度赋值法进行计算。五级标度赋值法是在层次分析法的基础上改进得到的一种主观权重赋值方法，能够比较方便而且有效地进行主观权重赋值，减轻评价过程的工作量，改善评价结果与实际的偏差。

(2) 熵信息法确定指标客观权重

本书采用熵信息法进行客观权重的确定。熵信息法即利用已有的指标信息，使用一组方案中同一指标波动幅度为度量，波动幅度大小对应指标权重大小。

对已有的方案决策矩阵 $D=(d_{kj})_{m \times n}$ 进行计算。用式（4-14）计算得到 p_{kj}，根据信息论使用式（4-15）可以得到指标 B_j 的信息熵为 E_j，当 $p_{kj}=0$ 时，规定 $p_{kj}\ln p_{kj}=0$。指标 B_j 的客观赋值权重 μ_j 可以用式（4-16）计算得出，最终将 n 个指标的客观权重用向量表示为 $\mu=(\mu_1\ \mu_2 \cdots \mu_n)^T$。

$$p_{kj}=d_{kj}/\sum_{k=1}^{m}d_{kj} \quad k=1,2\cdots m;\ j=1,2\cdots n \tag{4-14}$$

$$E_j=-(\ln m)^{-1}\sum_{k=1}^{m}p_{kj}\ln p_{kj} \quad j=1,2\cdots n \tag{4-15}$$

$$\mu_j=(1-E_j)/\sum_{j=1}^{n}(1-E_j) \quad j=1,2\cdots n \tag{4-16}$$

(3) 权重复合物元 R_w 确定

为满足主观偏好及客观真实性的双重需求，本书利用最小二乘法的原理，构建如式（4-17）所示的最小二乘法模型，使得指标权重的主观赋值与客观赋值的决策结果与最终结果的偏差更小。

利用最小二乘法进行权重赋值优化时，需要对最终指标权值进行假设。假设最终各指标的权重表示为 $W=(w_1\ w_2\cdots w_n)^T$。

$$\begin{cases} \min H(W)=\sum_{j=1}^{n}[(\omega_j-w_j)^2+(\mu_j-w_j)^2] \\ \sum_{j=1}^{n}w_j=1 \\ w_j \geqslant 0 \quad j=1,2\cdots n \end{cases} \tag{4-17}$$

各个评价指标 f_i 相应的权重组成的物元记为 R_w，表示为：

$$R_w=\begin{bmatrix} & M & \\ C_1 & w_1 \\ C_2 & w_2 \\ \vdots & \vdots \\ C_n & w_n \end{bmatrix} \tag{4-18}$$

式中，w_n 表示第 n 个评价指标的权重。

步骤 5：进行关联分析得到关联度复合物元 R_K，确定评价结果

根据已得到的复合物元和权重物元，由式（4-17）及式（4-18）得：

$$R_K = R_w \cdot R_\xi = \begin{bmatrix} & M_1 & M_2 & \cdots & M_m \\ K_j & K_1 = \sum_{i=1}^{n} w_i \xi_{1i} & K_2 = \sum_{i=1}^{n} w_i \xi_{2i} & \cdots & K_m = \sum_{i=1}^{n} w_i \xi_{mi} \end{bmatrix}$$

(4-19)

可以得到关联度复合物元 R_K。基于关联度再根据物元评判原则，就可以得出评价结果。

4.2.3 基于蒙特卡洛影响因素敏感性分析

通常在进行实验的过程中所采用的数据收集统计的方法也被称作蒙特卡洛法。这种方法在应用的过程中一般都要按照概率论和数理统计的理论原则来进行相关分析，在这个前提条件下再进行一定数量的实验和数据分析工作，最终能够使它以一种有理论证据支撑的形式解决问题。有了这样的数据理论就能按照一定的规律特征来研究并解决问题了，能够使预测结果跟真正的情况更加符合。

当工程项目进入到风险分析环节时，可以收集的仅有几个样本的相关数值，也就是说实际工程中能够采集的数据范围是有限制的。但当采用蒙特卡洛法时，就能够把风险分析这个问题归结到统计学中了，那么就可以将其会发生的概率以及发生后将引发的结果都作出统计学上的总结和归纳。首先要做的是通过模拟引发风险的可能性事件与其引发的结果作出一个参数化的映射关系，使风险事件发生的数学期望值约等于定量的相关数值。在此基础上进行类似的大量实验以及针对实验结果进行相关计算和分析，获得这些参数变量的分布规律和变化。然后再对全部的数据进行总结、计算和研究，最终可以得到项目中风险事件能够发生的概率，风险事件的结果等结论。

本书利用蒙特卡洛统计实验的原理，首先确定各指标因素的分布，然后模拟各指标因素在所属分布下所在区间范围内的不同值，再利用物元评价模型得到评价结果。模拟多次之后，计算模拟结果之间的平均极差和平均量差，在各指标相同变化幅度情况下，用建筑物安全评价结果变化平均量差和平均极差来衡量各指标对建筑物安全性评价结果影响程度，变化量差和变化极差越大，表示该因素对建筑物安全性影响越大。平均极差 R 和平均量差 D 的计算公式如下所示：

$$D = \frac{1}{n-1} \sum_{i=1}^{n-1} |Q_{i+1} - Q_i|$$

(4-20)

$$R = \frac{\max(Q_1, Q_2 \cdots Q_n) - \min(Q_1, Q_2 \cdots Q_n)}{n-1}$$

(4-21)

式中，n 为指标因素变化次数；Q_n 为第 n 次变化的评价结果值。

4.3 隧道施工邻近建筑物安全预评价实证研究

第 2 章中已对武汉地铁 2 号线盾构隧道沿线主要影响建筑物（包括金色江滩 KTV、中国银行武汉关支行、四明银行、四明银行与好乐迪 KTV 之间民房、宝利金国际广场以及好乐迪 KTV 等）进行了调查。本节将利用物元评价模型对这些建筑物进行安全预评价，并通过分级评价为不同等级的周围环境提供有效的安全控制应对方案，进而保证地铁施工时邻近建筑物的安全。

4.3.1 建筑物安全性评价

1. 物元模型建立

金色江滩 KTV、中国银行武汉关支行、四明银行、四明银行与好乐迪 KTV 之间民房、宝利金国际广场以及好乐迪 KTV 等建筑物是安全评价对象。其中每一幢建筑物都是一个研究物元，建筑物安全指标为其物元特征。在进行安全性评价之前，首先需要确定研究物元各特征的量值。基于第 2 章中对各建筑物基本情况和相对平面位置的描述分析以及隧道汉口段施工情况，通过实际测量和专家评估的方法确定各建筑物特征指标的量值，各建筑物特征量值见表 4-7。

建筑物特征量值表　　　　表 4-7

指标	建筑物					
	金色江滩 KTV	中国银行武汉关支行	四明银行	民房	宝利金国际广场	好乐迪 KTV
C1 隧道埋深(m)	16	31	19	18	19	17
C2 覆跨比	0.6	3.8	2.7	3.1	0.9	1.6
C3 地层损失(%)	1.3	1.9	2.6	1.7	2.3	0.9
C4 土质类型	80	84	76	89	82	79
C5 内摩擦角(°)	9	21	17	35	13	29
C6 压缩模量(MPa)	43	28	30	37	24	32
C7 黏聚力(KPa)	13	18	21	23	10	17
C8 泊松比	0.15	0.38	0.43	0.27	0.21	0.37
C9 土体密度(g/cm³)	1.5	2.2	1.7	2.7	1.6	2.3

续表

指标	建筑物					
	金色江滩KTV	中国银行武汉关支行	四明银行	民房	宝利金国际广场	好乐迪KTV
C10 基础类型(分)	70	80	76	86	74	81
C11 基础完损情况(分)	82	89	87	79	78	77
C12 上部类型(分)	83	87	90	79	84	86
C13 上部完损情况(分)	73	91	90	76	82	87
C14 重要程度(分)	82	91	92	78	83	81
C15 相对水平位置(e/D)	0.2	0.4	1.1	0.2	1.3	1
C16 相对垂直位置(h/D)	1.5	4	1.4	2	−2	1.9
C17 施工方法(分)	89	91	88	90	91	87
C18 管理水平(分)	84	87	86	89	84	90
C19 施工技术条件(分)	87	86	89	88	87	90

2. 权重确定

根据五级标度赋值法的基本规则，对建筑物安全评价体系的相应指标进行评分，最终得出五级标度赋值法特征矩阵，以此来构建该体系各指标权重判断矩阵，得到指标主观权重$\bar{\omega}$。在通过五级标度赋值法求得主观赋值权重以后，需要计算出客观权重来修正主观权重。通过式（4-17）～式（4-19）对表4-7中各备选方案指标取值进行计算，可求得客观赋值权重μ。在求得主观赋值权重为$\bar{\omega}$，客观赋值权重为μ的基础上，通过式（4-20）利用最小二乘法优化求得综合权重ω，见表4-8。

综合权重表　　表4-8

指标	C1	C2	C3	C4	C5	C6	C7	C8	C9	C10
$\bar{\omega}$	0.20	0.18	0.07	0.03	0.07	0.06	0.02	0.02	0.02	0.02
μ	0.12	0.19	0.07	0.01	0.10	0.04	0.03	0.04	0.02	0.01
ω	0.16	0.18	0.07	0.02	0.09	0.05	0.03	0.03	0.02	0.01
指标	C11	C12	C13	C14	C15	C16	C17	C18	C19	
$\bar{\omega}$	0.03	0.01	0.02	0.05	0.08	0.06	0.04	0.01	0.02	
μ	0.02	0.01	0.01	0.03	0.18	0.08	0.02	0.01	0.01	
ω	0.02	0.01	0.02	0.04	0.13	0.07	0.03	0.01	0.02	

3. 安全性物元确定

建筑物在隧道施工过程中受力情况较为复杂，造成测得的数据离散性较大。一般根据工程的具体调查资料和工程师的工程经验来确定隶属函数。当更加频繁地观察离散性较大的数据时，其隶属函数可以近似地看作正态分布。

故本书的指标采用正态隶属函数来确定隶属度，具体函数形式如下：

$$f(x) = \exp\left[-\left(\frac{x-a}{b}\right)^2\right] \tag{4-22}$$

式中，$a>0$，$b>0$，它们是函数的特征参数；x 表示评价指标的值。

由式（4-22），当 $x=a$ 时，$f(x)=1$，即取得最大值。显然，当 $f(x)$ 取最大值 1 时，二次函数 x 必须为区间 $[x_i, x_u]$ 的中间值。因此参数 a 是表 4-8 中的定量指标的两个相应边界值的平均值。其计算公式如下：

$$a = \frac{x_i + x_u}{2} \tag{4-23}$$

式中，x_u 和 x_i 是相应级别的上下边界值。此外，一个级别的边界值是从这个级别到下一个级别的过渡值，所以它同时属于这两个等级，而与其他级别的隶属关系都为 0。同时各级别隶属度的总和必须为 1。因此有：

$$f(x) = \exp\left[-\left(\frac{x_u - \frac{x_i + x_u}{2}}{b}\right)\right] = \frac{1}{2}$$

即

$$b = \frac{x_u - x_i}{2\sqrt{\ln 2}} \approx \frac{x_u - x_i}{1.665} \tag{4-24}$$

根据表 4-5 中的定量指标的标准边界值，由式（3-22）和式（3-23）可得正态隶属函数的参数 a 和 b。

根据建筑物安全等级划分以及建筑物各指标量值，将表 4-8 中的评价指标值代入相应的隶属函数，可构造出建筑物安全性评价物元。以此计算 6 组建筑物安全性物元，其中金色江滩 KTV 的安全性物元见表 4-9。

金色江滩 KTV 的安全性物元 表 4-9

指标	安全性等级				
	一级	二级	三级	四级	五级
C1 隧道埋深(m)	0.26	0.93	0.06	0	0
C2 覆跨比	0	0	0.11	0.78	0.26
C3 地层损失(%)	0	0.03	0.97	0.11	0.02
C4 土质类型	0.50	0.50	0	0	0

续表

指标	安全性等级				
	一级	二级	三级	四级	五级
C5 内摩擦角(°)	0.01	0.03	0.26	0.78	0.01
C6 压缩模量(MPa)	0.71	0.31	0	0	0
C7 黏聚力(kPa)	0	0.11	0.97	0.03	0
C8 泊松比	0	0	0.06	1.00	0.06
C9 土体密度(g/cm^3)	0	0	0.21	1.00	0.21
C10 基础类型(分)	0.06	1.00	0.06	0	0
C11 基础完损情况(分)	0.64	0.37	0	0	0
C12 上部类型(分)	0.71	0.31	0	0	0
C13 上部完损情况(分)	0.13	0.94	0.03	0	0
C14 重要程度(分)	0.64	0.37	0	0	0
C15 相对水平位置(e/D)	0	0	0	0.03	0.97
C16 相对垂直位置(h/D)	1.00	0	0	0	0
C17 施工方法(分)	0.99	0.08	0	0	0
C18 管理水平(分)	0.78	0.26	0	0	0
C19 施工技术条件(分)	0.94	0.13	0	0	0

4. 根据确定的权重值，进行物元评判

将各二级评价指标的评价结果乘以该指标的权重，计算得到各一级因素安全性物元评判结果。金色江滩 KTV 的计算结果见表 4-10。

金色江滩 KTV 的一级评价指标物元评判集 表 4-10

因素	一级指标 $B_i = R_w \cdot R_i$				
	一级	二级	三级	四级	五级
隧道工程条件(B1)	0.04	0.15	0.10	0.15	0.05
土质条件(B2)	0.04	0.03	0.06	0.12	0.01
建筑物自身条件(B3)	0.12	0.05	0	0	0.13
施工方法及管理水平(B4)	0.05	0.01	0	0	0

再将各一级评价指标的评价结果乘以该指标的权重，计算得到建筑物安全性关联度复合物元以及安全性评价结果物元。计算结果见表 4-11。

建筑物安全性关联度及安全评价结果　　　表 4-11

建筑物	建筑物安全性关联度复合物元					评价结果	安全等级
	一级	二级	三级	四级	五级		
金色江滩 KTV	0.26	0.24	0.15	0.27	0.18	57.68	三级（基本安全）
中国银行武汉关支行	0.60	0.23	0.00	0.09	0.13	74.37	二级（较安全）
四明银行	0.40	0.45	0.13	0.04	0.07	76.01	二级（较安全）
民房	0.50	0.32	0.03	0.07	0.14	72.80	二级（较安全）
宝利金国际广场	0.26	0.25	0.33	0.19	0.06	58.32	三级（基本安全）
好乐迪 KTV	0.33	0.42	0.27	0.07	0.00	74.37	二级（较安全）

4.3.2 影响因素敏感性分析

依据蒙特卡洛原理，利用水晶球软件对影响建筑物安全的 19 个因素进行敏感性分析。分析发现在 6 组建筑物敏感性分析中，各指标变化对建筑物安全性评价结果影响程度相同，影响程度如图 4-5 所示。根据评价结果变化平均量差和平均极差的大小，对影响因素指标进行排序，见表 4-12。

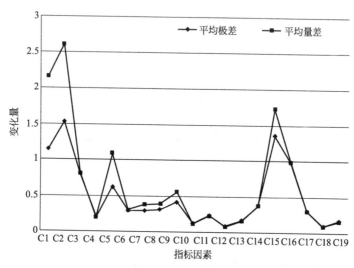

图 4-5　各指标对安全评价结果变化量影响程度

评价结果变化量排序 表 4-12

依据	排序
平均极差	C2＞C15＞C1＞C16＞C3＞C5＞C9＞C14＞C8＞C7＞C17＞C6＞C11＞C4＞C19＞C13＞C10＞C18＞C12
平均量差	C2＞C1＞C15＞C5＞C16＞C3＞C9＞C8＞C7＞C14＞C17＞C6＞C11＞C4＞C19＞C13＞C10＞C18＞C12

由图 4-5 和表 4-12 可知，指标 C2 无论是平均极差还是平均量差都为最大值，因此，指标 C2 对建筑物安全性最为重要。虽然两种依据有不同的排序结果，但是指标 C2、C1、C15、C5、C16、C3、C9、C8、C7、C14 无论在哪一种排序情况下，其对评价结果的影响都比较大，尤其是指标因素 C2、C1、C15、C5、C16。

利用蒙特卡洛水晶球对各建筑物的影响因素在不同范围内敏感性进行分析，得到各因素敏感性程度，以金色江滩 KTV 为例，各影响因素敏感性分析结果如图 4-6～图 4-24 所示。不同影响因素对建筑物安全评价结果的贡献度和关联度不同，其中覆跨比、相对水平位置、隧道埋深、地层损失、相对垂直位置 4 个因素贡献度超过 0.08，这也说明这 4 个因素为建筑物安全性的重要因素。另外，可以发现对于每一种因素，其在不同取值范围内对建筑物安全评价结果的影响程度也不相同，比如覆跨比在 0～1 范围内变化可以引起建筑物安全评价结果迅速增长。不同因素在同一范围内，其变化引起评价结果变化程度也不相同，比如施工方法和管理水平在 20～80 范围内时，施工方法的改变引起建筑物安全评价结果变化大于管理水平所引起的变化。通过各因素敏感性分析，可以发现影响因素的敏感区间，如果因素值位于敏感区间，则需要关注因素值变化。

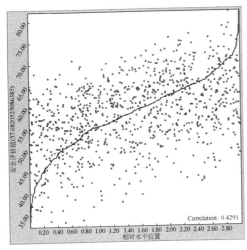

图 4-6　相对水平位置敏感性分析

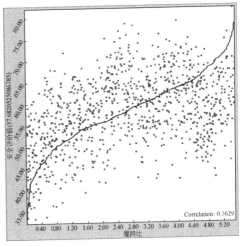

图 4-7　覆跨比敏感性分析

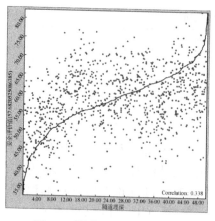

图 4-8 隧道埋深敏感性分析

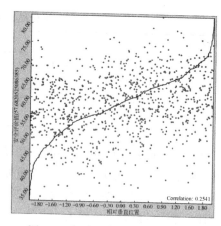

图 4-9 相对垂直位置敏感性分析

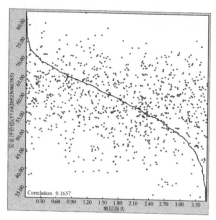

图 4-10 地层损失敏感性分析

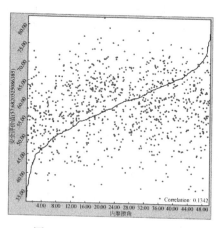

图 4-11 内摩擦角敏感性分析

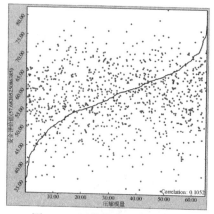

图 4-12 压缩模量敏感性分析

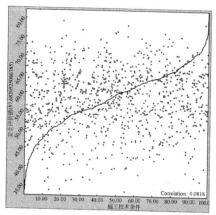

图 4-13 施工技术条件敏感性分析

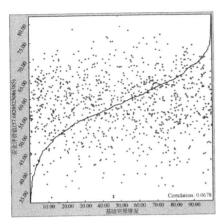
图 4-14 基础完损情况敏感性分析

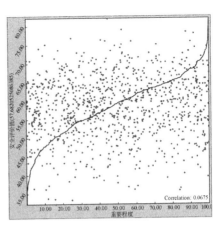
图 4-15 建筑物重要程度敏感性分析

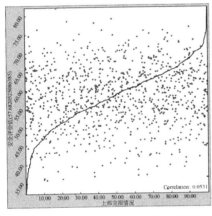
图 4-16 上部完损情况敏感性分析

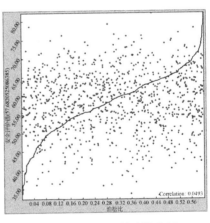
图 4-17 泊松比敏感性分析

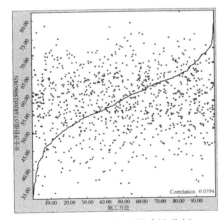
图 4-18 施工方法敏感性分析

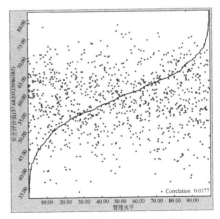
图 4-19 管理水平敏感性分析

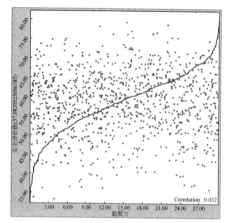
图 4-20 黏聚力敏感性分析

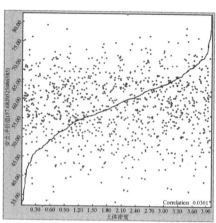
图 4-21 土体密度敏感性分析

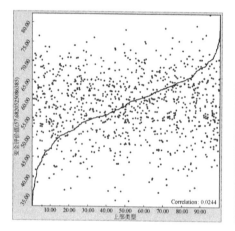
图 4-22 上部类型敏感性分析

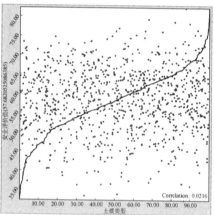
图 4-23 土质类型敏感性分析

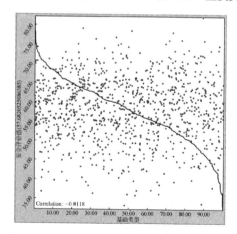
图 4-24 基础类型敏感性分析

4.3.3 建筑物安全管理决策

1. 建筑物安全评价结果分析

由表 4-11 可以发现，金色江滩 KTV 和宝利金国际广场安全等级为三级（基本安全），需要采取一般保护性措施，其他建筑物安全等级为二级（较安全），只需采取简单保护措施即可。对于金色江滩 KTV 和宝利金国际广场需要对施工方案、支护措施等进行优化；采取施工隔离、土体加固等主动防护措施；准备建筑物基础加固的应急预案；施工中加强监测；施工后评估，继续关注施工后安全性状况；另外还需在施工过程中进行加固。对于其他建筑物施工时采取一定的管理措施，如果有必要还要加强土质，并采取一定的防护措施。

2. 影响因素敏感性分析

敏感性分析发现，对于隧道邻近建筑物安全性其重要影响因素为覆跨比、隧道埋深、相对水平位置、内摩擦角、相对垂直位置、地层损失、土体密度、泊松比、黏聚力、重要程度等，其中隧道自身因素、建筑物自身情况以及土质条件对建筑物安全性影响程度比施工方法及管理水平大。分析结果与实际情况相符，因为目前建设单位对各施工单位的施工管理提出了严格要求，所以施工方法及管理水平差异性不是很大。覆跨比、隧道埋深、相对水平位置、内摩擦角、相对垂直位置 4 个指标因素的平均量差超过 1，并且其平均极差也比较大。因此，在施工过程中，要关注隧道条件以及建筑物自身情况，尤其是对于隧道覆跨比和隧道埋深以及建筑物与隧道之间的邻近关系。同时在进行土体加固时应重点考虑提高土体的内摩擦角。

3. 决策分析

上述分析结果为隧道施工安全决策提供了重要参考。隧道自身条件为重要因素，如覆跨比和隧道埋深，可以在施工前制定隧道开挖方案时，重点考虑覆跨比和隧道埋深，可通过调整施工方案尽可能提高隧道覆跨比和隧道埋深，进而更加有效地保证隧道施工邻近建筑物的安全。内摩擦角是土质条件中最为重要的影响因素，在隧道土体加固时，重点考虑提高土体的内摩擦角，并针对不同位置土体的内摩擦角编制针对性的土体加固方案。对于建筑物和隧道邻近关系，相对水平位置的影响大于垂直位置，因此，在制定隧道开挖路线时要尽量避免隧道穿过安全性差的建筑物，同时可尽量提高隧道埋深，增加垂直距离，以保证建筑物的安全。

第5章

基于贝叶斯网络的地铁盾构施工邻近建筑物动态安全评价决策

地铁盾构工程施工是一个涵盖人、材、机、法、环等各项资源因素的动态过程，并伴随着复杂的时空变化效应。地铁盾构施工过程对邻近建筑物安全影响及其风险管理必然是一个复杂的动态决策过程。传统的层次分析法、安全检查表法、事故树及决策树等安全评价方法，难以反映时空变化对邻近建筑物安全风险演化的实时更新作用机制，在解决动态的风险评价决策问题中受到较多限制。本书利用适合于动态环境下知识表示与推理的理想工具——贝叶斯网络，对地铁盾构施工过程诱发邻近建筑物安全管理这一复杂问题进行贝叶斯网络设计建模、分析、验证及运用推理，实现事前、事中及事后邻近建筑物变形实时动态安全控制，完善地铁盾构施工安全监控预警与应对机制，为地铁盾构施工邻近建筑物的安全保护提供实时动态决策支持。

5.1 引言

目前地铁工程建设在国内发展迅速，由于地铁工程施工环境复杂多变、致险因子多且关联性强等，施工过程中安全事故频发。为了避免施工安全事故造成严重的人员伤亡和财产损失，国内外学者逐渐重视地铁工程施工安全控制过程的风险管理，基于定性或定量评价方法（如事故树分析法、决策树法、影响图法等）识别潜在风险，对发生可能性较大的事件进行风险分析，便于及早应对防范。这些风险分析方法在近年来的地铁安全管理与控制中发挥了积极的作用。然而，地铁盾构施工过程中大部分环境因素是随时间与空间而不断变化更新的，使得地铁盾构施工诱发建筑物变形安全是一个复杂的动态决策系统。传统的安全分析往往局限于静态过程的推理，难以反映时空变化对邻近建筑物安全风险演化的实时影响；而且较多依赖专家经验与知识，一旦事故发生，往往急于组织专家召开工程会议集中讨论处理方案，这很可能会延误工程事故处理的最佳时间。同时，稀缺的专家知识尚未集成化管理用于实时安全管理决策，影响了地铁盾构施工邻近建筑物变形安全灾情的实时判断与预警控制决策效率。因此，研究地铁盾构施工邻近建筑物安全管理知识集成推理及实时动态安全分析与决策成为一个关键问题。

近年发展起来的贝叶斯网络,能够使先验知识和样本数据有机结合,被国内外学者认为是不确定环境中实现知识表示、推断、预测等最理想的工具,已在如复杂系统故障诊断、聚类分析与模式识别、专家决策系统、军事安全控制等领域得到广泛运用。本书从施工过程中邻近建筑物实时安全保护的角度出发,基于地铁盾构施工诱发邻近建筑物安全演化规律,利用贝叶斯网络能够融合多领域专家关于具体工程的实践经验,为特定安全事故的处理提供实时决策支持。本书采用对时空演化敏感的贝叶斯网络,提出基于贝叶斯网络的动态安全评价决策方法,涵盖贝叶斯网络模型设计、验证及应用等环节,并以武汉地铁 2 号线盾构邻近建筑物安全管理为例进行实证分析,通过事前概率预测、事中关键致险因子辨识及事后致因诊断等辅助决策分析技术,从实际施工过程事前、事中及事后各阶段开展实时动态的安全诊断分析,实现复杂环境下安全施工全过程一体化管理。

5.2 贝叶斯网络理论及其适应性分析

5.2.1 贝叶斯网络定义

贝叶斯网络(Bayesian Networks,BN),又称贝叶斯信念网络(Bayesian Belief Networks),1988 年由 Pearl 提出,已经成为近些年来研究的热点。贝叶斯网络是一种集成因果与概率的知识网络拓扑结构,可以反映具体问题中复杂变量之间的依赖关系,由代表随机变量的节点及连接这些节点的有向边构成,有向边反映变量之间的因果关系。一般可以将贝叶斯网络定义为这样一个二元组 $B=(D,P)$,如式(5-1)~式(5-4),其中 D 表示一个有向非循环图 DAG,即贝叶斯网络的拓扑结构;P 表示一组介于 0~1 之间的实数集合,也就是贝叶斯网络的参数模型(每个节点变量的条件概率表)。此外,D 可以表示为 $D=(V,A)$,V 表示贝叶斯网络结构中节点变量的集合 $(V_1,V_2 \cdots V_n)$,A 表示节点变量之间的依赖关系集合。

$$B=(D,P)=(V,A,P) \tag{5-1}$$

$$V=(V_1,V_2 \cdots V_n) \tag{5-2}$$

$$A=\{V_i V_j | V_i,V_j \in V\} \tag{5-3}$$

$$P=\{P(V_i | V_1,V_2 \cdots V_{i-1}),V_j \in V\} \tag{5-4}$$

从式(5-1)~式(5-4)可以看出,贝叶斯网络包括拓扑结构和概率参数两部分。贝叶斯网络的拓扑结构是一个用于表示各节点之间相互影响关系的有向非循环图，节点与节点之间通过箭头相互连接，反映节点之间是具有因果关系或是非条件独立的，节点中变量间若没有箭头相互连接在一起时就称其随机变量彼此为条件独立。如果从节点 X 到节点 Y 有一条边，则称 X 为 Y 的父节点，而 Y 为 X 的子节点。没有父节点的节点称为根节点，没有子节点的节点称为叶节点。贝叶斯网络的参数模型是对节点与节点之间的依赖关系进行概率描述的模型，是对贝叶斯网络结构模型进行定量分析的基础和前提。一个简单的二态贝叶斯网络如图 5-1 所示，其中，条件概率表中只给出了子节点状态值为 1 的条件概率。

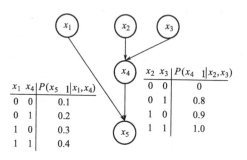

图 5-1　二态贝叶斯网络

5.2.2　贝叶斯网络的概率论基础

贝叶斯网络是一种描述变量之间概率关系的图形模式，是在概率论基础上发展起来的新方法，通过图形直观揭示问题结构，并基于概率论对问题结构进行分析，降低推理计算过程中的复杂度。凭借严密的数学理论基础，贝叶斯网络是目前进行不确定知识表达及推理的有效工具，在故障诊断、金融分析、医疗诊断以及军事、生态学等领域广泛应用。基于贝叶斯网络的不确定性推理计算过程中，主要采用以下 6 个方面的概率推导公式。

1. 联合概率分布

联合概率是描述多个变量所有可能的状态组合的概率，是一个定义在所有变量状态空间的笛卡尔乘积之上的函数。设 $X_1 \cdots X_n$ 为多个随机变量，则其联合概率为 $P(X_1 \cdots X_n)$。其中所有函数值之和为 1，见式（5-5）。

$$\sum_{X_1 \cdots X_n} P(X_1 \cdots X_n) = 1 \tag{5-5}$$

2. 边缘概率分布

设 A、B 为两个随机事件，相对于联合概率 $P(A,B)$，概率 $P(A)$ 称为边缘概率，从联合概率到边缘概率的过程称为边缘化，见式（5-6）。

$$P(A) = \sum_B P(A,B) \tag{5-6}$$

3. 条件概率分布

设 A、B 为两个随机事件,且 $P(B)>0$,则事件 A 在给定事件 B 发生时的概率称为条件概率,见式(5-7)。其中,$P(A|B)$ 是在已知事件 B 发生时对事件 A 发生的信度,而 $P(A)$ 是在未知事件 B 发生时事件 A 发生的概率。

$$P(A|B)=\frac{P(A,B)}{P(B)} \tag{5-7}$$

4. 全概率公式

设 $A_1 \cdots A_i \cdots A_n$($i=1,2\cdots n$)为一个完备事件组,$P(A_i)>0$($i=1,2\cdots n$),则对于任意事件 B,其全概率计算公式见式(5-8)。

$$P(B)=\sum_{i=1}^{n}P(A_i)P(B|A_i) \tag{5-8}$$

5. 链规则

由条件概率分布的计算公式可推得,一个联合分布 $\{X_1 \cdots X_n\}$ 的概率可分解为一系列条件概率的乘积,见式(5-9)。

$$P(X_1 \cdots X_n)=P(X_1)P(X_2|X_1)\cdots P(X_n|X_1 \cdots X_{n-1}) \tag{5-9}$$

6. 贝叶斯公式

设 H 和 E 为两个随机变量,$H=h$ 为某一假设,$E=e$ 为一组证据,在未考虑证据 $E=e$ 时,事件 $H=h$ 的概率 $P(H=h)$ 称为先验概率;加入证据 $E=e$ 后,事件 $H=h$ 的概率 $P(H=h|E=e)$ 称为后验概率。贝叶斯公式表示了先验概率和后验概率之间的关系,见式(5-10)。

$$P(H=h|E=e)=\frac{P(H=h)P(E=e|H=h)}{P(E=e)} \tag{5-10}$$

5.2.3 贝叶斯网络用于地铁施工安全分析适应性分析

与其他用于地铁施工安全风险管理的方法相比,如层次分析法、安全检查表法、事故树及决策树等,贝叶斯网络的优点主要表现为以下几个方面:

1. 多元知识图解可视化

贝叶斯网络是一种不确定性因果关联模型,以图形可视化的形式反映概率知识的表达与推理,能够全面反映网络节点变量之间的因果概率与拓扑结构关系,具有清晰直观、可理解程度高、易于使用等优点。

2. 强大的不确定性处理与多源信息融合能力

贝叶斯网络能够通过条件概率表达网络节点变量之间的依赖关系,并在有限的、不完整及不确定的信息条件下进行贝叶斯网络的学习和推理,具有较好的容错性。同时,新的证据可以不断地输入贝叶斯网络中进行反复推理,实现多源信息的有效融合与推理计算结果的实时更新。

3. 支持正向预测推理与反向诊断推理

贝叶斯网络有比较成熟的算法和软件支持，能够广泛应用到需要自上而下和自下而上的双向推理的任务领域。利用贝叶斯网络的不同扩展形式，可以适应不同环境下的风险管理决策需求，且预测诊断速度比较快，在构建了系统的贝叶斯网络之后，就可以很方便地进行概率安全评价。此外，贝叶斯网络能够进行增量式学习，通过实践积累能够自主地修正模型，可以随时进行学习，改进网络结构和更新网络参数，模型也比较容易维护和修正。

凭借强大的不确定性处理与推理能力，贝叶斯网络已在多个领域内取得广泛而成功的运用，如复杂系统故障诊断、聚类分析与模式识别、专家决策系统、军事安全控制等。

从目前贝叶斯网络研究运用的现状来看，将贝叶斯网络运用于地铁隧道工程等复杂工程安全风险分析及决策方面的文献较少，且涉及贝叶斯网络的项目安全管理相关研究中仍然存在以下两个方面的不足：（1）大量的研究关注点集中在贝叶斯网络模型的构建，而对所构建贝叶斯网络模型的有效性验证缺乏较多考虑。而事实上，贝叶斯网络模型有效性的验证是其成功应用于实践的基本前提；（2）关于贝叶斯网络的运用主要集中在事前安全风险分析与决策，即在特定事故发生以前的风险分析，如风险识别、风险评价等，忽视了事中及事后安全分析与决策，缺乏对事前、事中及事后等全过程安全管理控制的系统性综合考虑。本书结合上述不足，提出一套集贝叶斯网络模型设计、验证及运用于一体的动态安全评价决策方法，并将事前、事中及事后各阶段的安全风险管理有机结合起来进行实时的安全预测与诊断决策分析管理。

5.3 基于贝叶斯网络的动态安全评价决策方法

基于上述分析，本节提出基于贝叶斯网络的动态安全评价决策方法，共包括安全致险机理分析、贝叶斯网络模型设计、模型验证、分析运用及安全决策五个步骤，其决策流程如图5-2所示。

5.3.1 安全致险机理分析

风险事故具有其自身的发展规律，了解事故发生、发展及形成过程对于辨识、评价和控制风险源具有极其重要的意义。受地铁盾构施工现场环境及施工工艺的复杂性影响，地铁盾构施工诱发邻近建筑物安全事故涉及众多致险因素，且各致险因素之间存在不确定性和关联性。安全致险机理分析的目的在于揭示具体风险事故的失效模式及其与风险致因的关系，并初步确定致险因素的种类和数

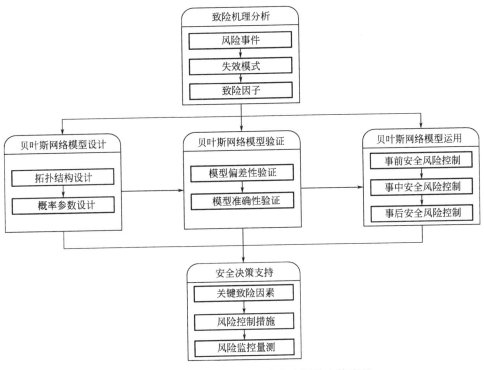

图 5-2 基于贝叶斯网络的动态安全评价决策流程

量。伴随着国内地铁隧道工程大规模建设,大量的安全风险管理标准规范、计算模型、实践经验等知识得以积累下来,具体表现为显性知识与隐性知识。Sherehiy 和 Karwowski(2006)表明显性知识与隐性知识对于风险机理分析具有同等重要的作用。基于此,地铁盾构施工诱发邻近建筑物安全致险机理分析从以下两个方面展开。

1. 显性知识分析

显性知识,也称为编码型知识,是能够以正式的语言,通过书面记录、数字描述、技术文件和报告等明确表达与交流的知识。在地铁工程实践领域,与邻近建筑物安全风险管理相关的显性知识主要体现在标准规范、设计施工手册和科技文献等资料。通过查阅上述资料,明确具体风险事故的发生与哪些影响因素有关,然后将这些影响因素进行归纳整理,形成致险因子集合。此外,研究人员已构建的有关风险分析模型也可以作为显性知识源,对于适合建立力学解析函数的风险事件,其函数自变量可作为致险因子的来源;对于不适合建立解析函数的风险事件,可采用数值模拟方法建立仿真模型,其模型中的参数也可作为致险因子的来源。

2. 隐性知识分析

隐性知识反映了以个人经验为基础并涉及各种无形因素的知识，通常存在于领域专家的大脑中，具有一定的独占性和排他性。隐性知识传播效率较低，需要通过与拥有相应知识的人进行直接接触实现知识的共享和传播。隐性知识经过分析和整理，并进行系统化、载体化处理后，可转化为显性知识，增强其知识传播与使用效率。因此，对于个别主观经验性较强或书面资料较为缺乏的风险相关分析，可采用问卷调查、深度访问交流、专家群决策等方法，并结合主成分分析、因子分析等统计分析方法，揭示风险及其潜在风险因素之间的复杂关系。

在上述工作的基础上，进一步整理并筛选与地铁隧道工程活动直接相关的各项风险及其致险因素组合，加强建立风险及其诱因的关联性；同时，根据建设各方的具体要求，结合工程特点和需要，以表单形式给出详细的风险点，得到所有工程风险机理分析报告。

5.3.2 贝叶斯网络模型设计

贝叶斯网络由结构（DAG）和参数（CPT）两部分组成，因此，贝叶斯网络设计包含结构设计与参数设计两部分。一般情况下，贝叶斯网络的建模有以下三种路径：（1）完全依赖领域专家知识进行结构设计和参数设计；（2）完全依赖训练数据进行结构设计和参数设计；（3）结构设计由领域专家完成，而参数设计是由程序依据参数训练数据集进行学习。由于人类获取知识的有限性以及知识的不确定性，采用第（1）种方式构建的贝叶斯网络与实际情况有很大的偏差；第（2）种方式完全是一种数据驱动的方法，具有很强的适应性。而且随着人工智能、数据挖掘和机器学习的不断发展，这种方法成为可能。但该方式对数据样本的数量和质量要求较高，而且训练得到的贝叶斯网络可理解性较差。第（3）种方式实际上是前两种方式的折中，当领域中变量之间的关系较明显时，这种方法能大大提高学习效率。目前工程领域较为完整的数据样本获取成本较高，样本数量相对较少，但考虑到工程领域存在大量的工程实践资料，如事件树、故障树等可以利用，这些积累的工程实践知识为贝叶斯网络结构学习提供了有效的先验知识，在此基础上结合样本数据进行参数学习，这样一方面能有效避免建模的主观性，增加可信度，另一方面能提高数据的适应性。因此，本书选用方式（3）来设计贝叶斯网络。

1. 结构学习

贝叶斯网络结构学习的任务是寻找有向无环图，以确定节点之间的相互依赖关系，并将这些关系通过有向无环图直观清晰表达。在贝叶斯网络结构学习过程中，融合先验知识是一个非常重要的部分，尤其在数据获取成本相对较高的工程建设领域。目前，工程领域积累了大量的事件树或故障树可供利用，以故障树为例，变量之间的依赖关系可以很方便地转化到贝叶斯网络结构。然后，结合工程实践和专家经验，对初步构建的贝叶斯网络进行修订和完善。这种方式可以大大提高贝叶斯网络结构学习的工作效率，同时，合理避免单纯依靠数据驱动容易造成网络结构与数据的过度拟合现象。

2. 参数学习

贝叶斯网络参数学习的任务是在已知网络结构的条件下，学习每个网络节点的概率分布表。早期采用专家经验进行指定的网络参数学习方法，容易造成实际推理计算结果的精确度不高。当前比较流行的做法是从数据样本中学习网络节点变量的参数概率分布，常用的基于数据驱动的贝叶斯网络参数学习方法有最大似然估计（Maximum Likelihood Estimation，MLE）方法和贝叶斯方法。

最大似然估计 MLE 是基于统计分析思想，依据样本与参数的似然程度，结合似然函数评判样本与模型的拟合程度，具有一致性好、渐进有效性强、表达灵活性等优点。似然函数的一般形式见式（5-11），式中，x^i 为第 i 个领域变量的监测值。当知道网络节点变量的分布函数，可利用拉格朗日乘子法获得最大似然值，从而进行贝叶斯网络参数的估计。贝叶斯估计方法是假定一个固定的未知参数 θ，考虑给定拓扑结构 G 下，参数 θ 的所有可能取值，利用先验知识，寻求给定拓扑结构 G 和训练样本集 D 时具有最大后验概率的参数取值。贝叶斯规则见式（5-12），其中，$p(D|G)$ 为拓扑结构 G 下参数 θ 的先验概率，$p(D|G)$ 与具体参数取值无关。

$$L(\theta;D)=p(D|\theta)=\tilde{O}_i p(x^i|\theta) \tag{5-11}$$

$$p(\theta|D,G)=\frac{p(D,G|\theta)p(\theta|G)}{p(D|G)} \tag{5-12}$$

5.3.3 贝叶斯网络模型验证

在贝叶斯网络模型构建中，每个节点的条件概率表是独立设计的。因此，有必要对实际构建的贝叶斯网络模型进行测试与验证。为了确保贝叶斯网络模型的敏捷性与鲁棒性，本书基于模型预测值与实测值之间的比较分析，提出采用两个指标对模型的有效性进行验证，即模型准确性（Model Accuracy）与模型可靠性（Model Reliability）。

1. 预测值与实测值矢量表征

贝叶斯网络的输出结果为概率分布，而不是某一实际可测变量值，导致实践检验过程缺乏统一的数据分析比较基础。本书提出用矢量形式表征地铁盾构施工诱发地表变形的预测值与实测值，为预测值与实测值的比较分析提供统一的数据基础。

假设基于贝叶斯网络得到的预测变量 T 有 P 种状态 t_i（$i=1, 2\cdots P$），每种状态反映了该变量所对应的区间分布，见式（5-13）。基于贝叶斯网络的模型预测值为一组概率分布结果，反映变量 T 的第 i 种状态 t_i（$i=1, 2\cdots P$）发生的概率为 o_i（$i=1, 2\cdots P$），其累积概率用矢量 O 表示，见式（5-14）。而实际建筑物变形监测过程中，该变量 T 的第 i 种状态 t_i（$i=1, 2\cdots P$）发生的概率为 s_i（$i=1, 2\cdots P$），其累积概率用矢量 S 表示，见式（5-15）。

$$T = \begin{cases} t_1, & \nu_0 \leqslant t < \nu_1 \\ t_2, & \nu_1 \leqslant t < \nu_2 \\ \quad \vdots & \\ t_i, & \nu_{i-1} \leqslant t < \nu_i \\ \quad \vdots & \\ t_P, & \nu_{P-1} \leqslant t < \nu_P \end{cases} \quad i=1,2\cdots P \tag{5-13}$$

$$\begin{cases} o_i = P(T=t_i) \\ o = \{o_1, o_2 \cdots o_P\} \\ O_i = \sum_1^i o_i \\ O = \{O_1, O_2 \cdots O_P\} \end{cases} \quad i=1,2\cdots P \tag{5-14}$$

$$\begin{cases} s_i = \begin{cases} 1, & (\text{if } T=t_i) \\ 0, & \text{otherwise} \end{cases} \\ s = \{s_1, s_2 \cdots s_P\} \\ S_i = \sum_1^i s_i \\ S = \{S_1, S_2 \cdots S_P\} \end{cases} \quad i=1,2\cdots P \tag{5-15}$$

2. 模型准确性指标

模型准确性分析的目的在于描述贝叶斯网络模型预测值的中心趋势与实际观测值之间的关联性。贝叶斯网络模型预测值的中心趋势可采用其预测分布值的中位值，即累计概率为 50% 时的预测值，其计算公式见式（5-16）。理论上讲，当模型预测分布的中位值与实际观察值完全一致时，模型偏差指标为 0，表示所构建的贝叶斯网络的预测结果与实测值无偏差。对于多组模型预测值与实测值的比较记录，通常采用回归线对模型的预测值与实测值进行比较，当回归线斜率为 1，且在纵轴上的截距为 0 时，认为所构建的贝叶斯网络的预测结果与实测值趋于完美。

$$\hat{\nu}_i \approx \hat{\nu}_i^- + \frac{0.5 - O_{i-1}}{O_i - O_{i-1}} \times (\hat{\nu}_i^+ - \hat{\nu}_i^-) \tag{5-16}$$

式（5-16）中，$\hat{\nu}_i^-$ 与 $\hat{\nu}_i^+$ 分别表示贝叶斯网络预测结果中第 i 个状态 t_i 的属性边界值，并且，该状态的累计概率满足 $O_{i-1}<0.5$ 与 $O_i>0.5$ 的约束条件。

3. 模型可靠性指标

通过上述步骤可以得到某一个监测点预测变量 T 的实测值矢量 S，以及基于贝叶斯网络的预测值矢量 O。如果有 K 个监测点，则可形成由 S 与 O 组成的 K 个矢量组。基于 S 与 O 之间误差统计分析，提出平均概率误差（Mean Probability Error，MPE）和均方概率误差（Mean Square Probability Error，MSPE）两个模型有效性检验指标，对基于贝叶斯网络得到预测值的有效性进行检验，其计算公式分别见式（5-17）和式（5-18）。与此同时，为保证有效性检验的独立性，用于检验的监测样本数据不得参与安全决策贝叶斯网络的构建。

$$MPE = \frac{1}{K}\sum_{k=1}^{K}\left[\frac{1}{P-1}\sum_{m=1}^{P}(O_{i,k}-S_{i,k})\right] \tag{5-17}$$

$$MSPE = \frac{1}{K}\sum_{k=1}^{K}\left[\frac{1}{P-1}\sum_{i=1}^{P}(O_{i,k}-S_{i,k})^2\right] \tag{5-18}$$

为了判定实际计算得到的 MPE 和 $MSPE$ 处于多大范围的前提下，才能保证所构建的贝叶斯网络模型的合理性，有必要设计有效性检验指标的判定标准。统计学原理认为，$p<0.05$ 的事件为小概率事件（基本不可能发生）。基于此，项目结合 Monte-Carlo 的仿真模拟方法生成大量随机样本，在统计分析的基础上，提出模型有效性检验指标的信度区间为 [0.025，0.975]。只有通过了有效性检验的安全贝叶斯网络决策模型，才能用于指导实践。

5.3.4 贝叶斯网络模型运用

基于贝叶斯网络的安全管理辅助决策分析，实际上是将风险事件的形成与发生当作一个动态的、连续的过程看待，通过正向推理、重要度分析、反向推理等方式，动态地分析各个致险因子与风险事件在事前、事中及事后各阶段的相互影响和彼此制约的关系，以便为事故防范提供科学、有效、及时的应对决策支持。

1. 正向预测推理

利用贝叶斯网络的正向推理技术，通过联合概率分布，直接推算 n 个根节点 X_i（致险因子，$i=1, 2\cdots n$）故障组合下叶结点 T（风险事件）的发生概率。相比于事故树而言，正向推理不需要计算最小割集，大大提高了计算效率。风险事件（即叶结点 T）发生概率可用 $P(T=t)$（$t=1, 2\cdots 5$）表示，其计算公式见式（5-19）。同时，通过贝叶斯网络正向推理，还能在已知某节点处于某一状态下的给定证据状态下，预测出风险事件（叶节点）的发生概率，用 $P(T=t|X_i=x_i^{q_i})$（$t=1, 2\cdots 5$）表示，其计算公式见式（5-20）。$P(T=t)$ 和 $P(T=t|X_i=x_i)$ 均可作为表征邻近建筑物实际风险等级大小的指标，便于施工人员在事前阶段界定事故等级，及早采取措施。

$$P(T=t)=P(T=t\,|\,X_1=x_1,X_2=x_2\cdots X_n=x_n)\times P(X_1=x_1,X_2=x_2\cdots X_n=x_n)$$
(5-19)

$$t=\{t_1,t_2\cdots t_p\},x_i=\{x_i^1,x_i^2\cdots x_i^{Q_i}\},i=1,2\cdots n$$

$$P(T=t\,|\,X_i=x_i)=\frac{P(T=t,X_i=x_i)}{P(X_i=x_i)}$$
(5-20)

$$t=\{t_1,t_2\cdots t_p\},x_i=\{x_i^1,x_i^2\cdots x_i^{Q_i}\},i=1,2\cdots n$$

式中，t 表示叶节点 T 所处状态，共有 $\{t_1,t_2\cdots t_p\}$ p 个状态；x_i 表示根节点 X_i 存在的状态，共有 $\{x_i^1,x_i^2\cdots x_i^{q_i}\}q_i$ 个状态；$\sum P(T=t\,|\,X_1=x_1,X_2=x_2\cdots X_n=x_n)$ 表示贝叶斯网络前向传导的条件概率表；$P(X_1=x_1,X_2=x_2\cdots X_n=x_n)$ 表示各致险因子的联合概率；$P(T=t,X_i=x_i)$ 为节点 X_i 处于状态 x_i 与叶节点 T 处于状态 t 的联合概率。

2. 敏感性分析

敏感性反映了模型对输入参数微小变化的敏感程度，敏感性分析在研究了解每个风险因素对风险事件贡献大小时表现出较大优势。开展敏感性分析，通常的做法是对输入参数做出微小变化，然后观察这种变化对模型输出概率的影响。本书提出一种敏感性指标（SPM，Sensitivity Performance Measure），用于表征每个风险因素对风险事件的贡献，进而辨识关键致险因素，帮助施工人员了解施工阶段的重点施工环节与检查点。在无任何给定条件时，贝叶斯网络各根节点按先验概率分布，根节点 X_i 的敏感性指标 $SPM(X_i)$ 的计算公式见式（5-21）。当 $SPM(X_i)$ 越接近于 1，X_i 越容易成为该风险事件的直接诱因。如给定个别根节点的实际观察值，如 $X_i=x_i^{q_i}$，这种情况下，根节点 X_i 的敏感性指标 $SPM(X_i)$ 的计算公式见式（5-22）。

$$SPM(X_i)=\frac{1}{Q_i}\sum_{1}^{Q_i}\left|\frac{P(T=t\,|\,X_i=x_i)-P(T=t)}{P(T=t)}\right|,i=1,2\cdots n$$
(5-21)

$$SPM(X_i)=\frac{1}{Q_i-1}\sum_{1}^{1\cdots q_i-1,q_i+1\cdots Q_i}\left|\frac{P(T=t\,|\,X_i=x_i)-P(T=t\,|\,X_i=x_i^{q_i})}{P(T=t\,|\,X_i=x_i^{q_i})}\right|,i=1,2\cdots n$$
(5-22)

式中，t 表示具有 P 个状态的风险事件，一般取风险较大的状态作为研究对象，如 $t=5,4,3$ 等；x_i 表示具有 Q_i 个状态的致险因素 X_i。$SPM(X_i)$ 可以当作致险因素对风险事件发生的贡献程度的敏感性指标。辨识得到的敏感性风险因素应作为施工安全关键控制点，加强实际监控管理，降低风险。

3. 逆向诊断推理

当观察到事故已经发生，则可以通过贝叶斯网络计算各个致险因子的后验概

率，即为逆向推理。后验概率可以作为重要指标，考察事故已经发生状况下事故致因的可能性组合，为事故致因诊断寻找提供科学可靠依据。第 i 个致险因子 X_i 的后验概率用 $P(X_i=x_i|T=t)$ 表示，$i=1,2\cdots n$，其计算见式（5-23）。$P(X_i=x_i|T=t)$ 越高，表明 X_i 成为事故 $T=t$ 致因的可能性越大，进而指导施工人员针对性地进行故障诊断，快速查明最可能致因组合。

$$P(X_i=x_i|T=t)=\frac{P(X_i=x_i) \cdot P(T=t|X_i=x_i)}{P(T=t)}, i=1,2\cdots n \quad (5-23)$$

5.3.5 安全管理决策支持

决策是管理中经常发生的一种活动，是为了实现特定的目标，根据客观的可能性，在占有一定信息和经验的基础上，借助一定的工具、技巧和方法，对影响目标实现的诸因素进行分析、计算和判断选择后，对未来行动做出决定。在复杂工程安全管理过程中，其决策的实时性与有效性直接关系到实际安全管理的成败。根据上述基于贝叶斯网络的安全风险分析结果，关键的风险及其致险因素能够得以识别，其安全管理决策主要包括以下三个方面。

1. 预警发布

一旦出现险情，安全监控预警机构及时发布预警信息，并保留发布的时间记录。针对实际安全风险的不同严重等级，警情的发布方式及其对象有所不同，这样可以将警情的发布指向具体的责任方，让各责任方分工明确，避免因分工不清造成损失。一般而言，对于一级和二级风险，以短信的方式提请工点现场业主代表、施工单位、监理单位对少量预警监测点密切关注，现场工程师加强巡查；对于三级风险，以工作联系单的方式提请安质部、现场业主代表等高度关注，同时建议现场业主代表尽快主持召开项目部层级的协调会；对于四级风险，以工作联系单的方式提请安质部、建设事业总部、总工办密切关注，建议建设事业总部召开高风险状态专家会议；对于五级风险，以专题汇报方式提请业主高度关注，建议业主下达停工命令，启动应急预案，组织召开严重风险状态专家会议。

2. 预警响应

预警发布后，相关单位应立即根据实际风险等级启动预警响应，及时制定应对控制措施和处理方案，并加强实时监控。对预警测点、部位或工点采取相应处理措施后，监测数据开始收敛，数据变化呈现稳定趋势，安全状况得以好转的，应解除测点、部位或工点的预警。解除预警的标准和时限应在安全监控预警管理工作大纲中予以明确。

3. 预警反馈

警情信息反馈是地铁安全风险监测预警安全管理的关键环节，信息反馈是否及时、准确、高效直接影响到地铁施工安全现状。同时，针对具体项目采取措施后的实际效果分析,也能够为前期的贝叶斯网络模型设计及其验证提供有效的反馈与优化建议。

5.4 地铁盾构施工邻近建筑物安全贝叶斯网络模型设计与验证

尽管盾构机械性能及施工技术在近100多年中得到了很大发展,但地铁盾构施工仍是一项大型的复杂动态系统。由于盾构施工的复杂控制原理,岩土环境的时空变化效应、盾构机器系统与岩土环境系统的相互作用机理难以掌握,加上城市地铁盾构工程项目的规模和数量急剧增加,盾构施工引发的城市环境安全事故也呈明显上升趋势。其中,地铁盾构施工引起地表沉降变形过大问题尤为突出,盾构施工过程中土体受扰动后产生大的地面变形,严重时出现盾构工作面失稳、坍塌,造成路面塌陷、隧道涌水、冒顶。地铁盾构施工诱发地表建筑物变形破坏是一个复杂的系统工程,本节在地铁盾构施工诱发邻近建筑物变形机理分析的基础上,对这一复杂系统进行贝叶斯网络建模,并结合模型偏差性与模型准确性指标对所构建的贝叶斯网络进行有效性验证,保障其能够科学指导工程实践。

5.4.1 邻近建筑物安全贝叶斯网络模型设计

在地铁盾构项目施工阶段,隧道开挖施工诱发邻近建筑物变形安全的影响因素主要为隧道设计参数(B1)、土体性质(B2)、建筑物因素(B3)以及施工管理因素(B4)。在地铁盾构开挖施工阶段,施工管理因素(B4)对邻近建筑物安全保护的影响主要落实到对盾构机械参数合理性的控制上。事实上,盾构机械参数的合理性对整个隧道工程施工开挖及其周围环境的安全性具有至关重要的作用。具体来说,盾构机械参数主要包括推进力(X12),推进速度(X13)、刀盘扭矩(X14)、刀盘转速(X15)、切口水压力(X16)、土仓压力(X17)、注浆压力(X18)、注浆量(X19)等,这些参数对于地铁盾构施工工艺及工程地质、水文地质环境非常敏感,在掘进过程中需要根据实际情况选择合适的掘进参数。目前,盾构掘进参数主要借助人为经验控制,智能化程度低,这是工程运用领域急待解决的一个关键问题。

为了保障盾构掘进施工及周围环境的安全,工程实践通常采用监控量测技术,结合变形安全控制标准,对结构本体安全及周围建筑物变形安全风险实时跟踪并进行反馈控制。目前,邻近建筑物的安全判断可以依据地基沉降、局部倾斜、裂缝宽度及角变形等参数。由于地面建筑种类繁多、结构等级各异,地铁盾构穿越的地层不同,若均用单一刚性的基准值进行控制,难免造成某些建筑物的加固保护过于保守,而某些建筑因加固保护不够而破坏。为了保证建筑物沉降控制值基准更加合理可靠,有必要对控制基准作较深入的分析,使其尽量适应各类建筑的需求及尽可能符合工程实际。与此同时,工程实践常用的直接监测法和间接监测法监测的数据均为地表沉降值,并以此来反映周围建筑物的安全状况。因此,在本书的研究中,采用地表沉降这一普遍的监测数据来反映邻近建筑物的安全性,并根据武汉市实际地层情况,结合分级思想将邻近建筑物的安全性分为五个等级状态,分别用一级(安全,0～20mm)、二级(较安全,20～30mm)、三级(危险,30～40mm)、四级(较危险,40～50mm)、五级(严重危险,50～70mm)5个风险状态表示。

结合贝叶斯网络模型设计思路,在地铁盾构引起地表建筑物沉降的致险机理分析基础上,整合事故树及专家经验等先验知识得到地铁盾构引起地表沉降的贝叶斯网络拓扑结构,图5-3为构建得到的地铁盾构施工诱发邻近建筑物安全贝叶

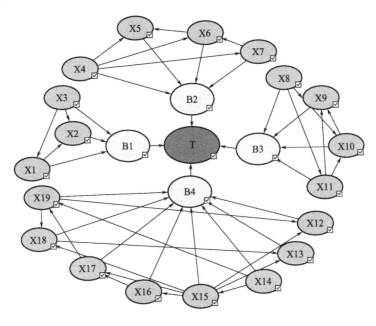

T: 建筑物安全风险等级
X1: 隧道埋深
X2: 覆跨比
X3: 隧道直径
X4: 内摩擦角
X5: 压缩模量
X6: 黏聚力
X7: 泊松比
X8: 临近水平距离
X9: 建筑物重要程度
X10: 建筑物使用年限
X11: 建筑物结构
X12: 推进速度
X13: 推进力
X14: 刀盘扭矩
X15: 刀盘转速
X16: 切口水压力
X17: 土仓压力
X18: 注浆压力
X19: 注浆量

图5-3 地铁盾构施工诱发邻近建筑物安全贝叶斯网络模型

斯网络模型；然后，结合前文提到的MLE算法，可对该安全贝叶斯网络模型进行参数学习，得到网络中各中间节点的条件概率表，以叶节点T为例，其条件概率表结果见表5-1。需要说明的是，贝叶斯网络学习过程中，要求对节点变量进行离散化处理，其中，变量X1~X11已进行离散化处理；参考同样的离散区间处理方法，变量X12~X19的离散化结果见表5-2。

叶节点T的条件概率表　　　　　　　　　　　　　　　　表5-1

B1	B2	B3	B4	$P(T=t \mid B1,B2,B3,B4), t=1,2,3,4,5$				
				$T=1$	$T=2$	$T=3$	$T=4$	$T=5$
1	1	1	1	1	0	0	0	0
1	1	1	2	0.5	0.5	0	0	0
1	1	1	3	0.2	0.3	0.5	0	0
1	1	1	4	0.1	0.1	0.2	0.6	0
1	1	1	5	0.1	0.1	0.2	0.3	0.3
…	…	…	…	…	…	…	…	…
5	5	5	1	0	0	0.1	0.4	0.5
5	5	5	2	0	0	0.1	0.2	0.7
5	5	5	3	0	0	0	0.2	0.8
5	5	5	4	0	0	0	0.1	0.9
5	5	5	5	0	0	0	0	1

盾构机械参数离散化处理及其划分标准　　　　　　　　　　表5-2

变量	指标	描述	离散区间				
			Ⅰ(1)	Ⅱ(2)	Ⅲ(3)	Ⅳ(4)	Ⅴ(5)
盾构机械参数	X12	推进速度(mm/min)	[0,15]	[15,30)	[30,45)	[45,60)	[60,75)
	X13	推进力(10^3kN)	[0,10]	[10,15)	[15,20)	[20,25)	[25,35)
	X14	刀盘扭矩(kN·m)	[0,100]	[100,200)	[200,300)	[300,400)	[400,500)
	X15	刀盘转速(r/min)	[0,1]	[1,2)	[2,3)	[3,4)	[4,5)
	X16	切口水压力(MPa)	[0,0.1]	[0.1,0.2)	[0.2,0.3)	[0.3,0.4)	[0.4,0.5)
	X17	土仓压力(Bar)	[0,0.9]	[0.9,1.8)	[1.8,2.7)	[2.7,3.6)	[3.6,4.5)
	X18	注浆压力(MPa)	[0,0.5]	[0.5,1.0)	[1.0,1.5)	[1.5,2.0)	[2.0,2.5)
	X19	注浆量(m^3)	[0,7]	[7,10)	[10,12)	[12,15)	[15,25)

5.4.2 邻近建筑物安全贝叶斯网络模型验证

1. 邻近建筑物安全贝叶斯网络模型准确性验证

本书选取武汉地铁 2 号线盾构施工范围内环境监控量测的 170 组记录（该部分监测记录未参与贝叶斯网络模型的构建）作为测试样本，从模型偏差性与模型准确性两个方面验证所构建的安全贝叶斯网络模型的有效性。

地铁盾构施工范围内的各栋建筑物可作为一个单独的监控单元加以考虑。首先，将该监控单元内各个致险因子的实际值与其属性区间划分结果相匹配，得到各致险因子的属性状态，然后根据式（5-12）计算叶节点的概率分布结果；接着，根据式（5-16）获取预测概率分布结果的中位值，并将该中位值与实际观察结果进行比较。由于测试样本相对较多，采用散点图加以直观显示，如图 5-4 所示。结果显示预测中位值与实测值呈现近似一致的趋势，当预测值较低时实测值普遍偏低，当预测值较高时实测值也普遍偏高。散点图拟合得到的回归线斜率为 0.94，趋近于 1，反映了所构建的贝叶斯网络能够较好的预测盾构施工诱发的地表沉降值，即模型预测值的中心趋势并不显著偏离实际预测值。

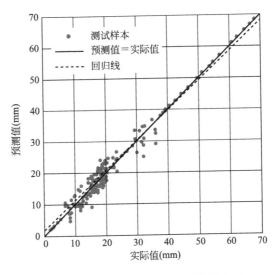

图 5-4 地表沉降实测值与预测值散点图

2. 邻近建筑物安全贝叶斯网络模型可靠性验证

根据上文的分析，贝叶斯网络模型的可靠性可通过 MPE 和 $MSPE$ 两个指标进行检验。结合武汉地铁 2 号线盾构施工范围内环境监控量测的 170 组记录，利用式（5-17）计算得到的平均概率误差 $MPE=-0.009$。贝叶斯网络模型预测结果平均概率误差的期望分布（MPE^*）的累积频率如图 5-5 所示，可见，本书所构建的贝叶斯网络预测结果的平均概率误差（MPE）小于期望的误差值的累计频率 0.785，处于可接受的范围 [0.025, 0.975] 之内。因此，本书所构建的邻近建筑物安全管理贝叶斯网络模型的预测值偏离于实测值的平均概率误差在可接受的水平。

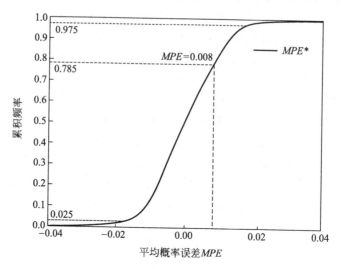

图 5-5　模型预测结果平均概率误差统计图

按照类似的方式，基于武汉地铁 2 号线盾构施工范围内环境监控量测的 170 组记录，利用式（5-18）计算得到均方概率误差 $MSPE=0.122$。图 5-6 反映了贝叶斯网络模型预测结果均方概率误差的期望分布（$MSPE^*$）的累积频率。由此可见，本书构建的贝叶斯网络预测结果的均方概率误差（MSPE）小于期望的

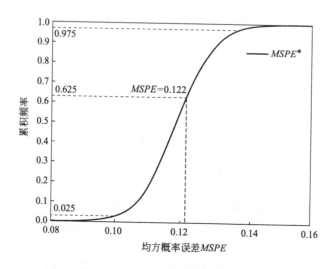

图 5-6　模型预测结果均方概率误差统计图

误差值的累计频率 0.625，处于可接受的范围 [0.025，0.975] 之内，也进一步反映了本书构建的邻近建筑物安全贝叶斯网络模型的预测值偏离于实测值的均方概率误差在可接受的水平。结合 MPE 与 MSPE 的误差分析指标结果来看，有理由相信，本书构建的地铁盾构施工环境下邻近建筑物安全管理贝叶斯网络模型的预测结果是合理可靠的。

5.5 地铁盾构施工邻近建筑物安全贝叶斯网络决策实证分析

根据前文对安全贝叶斯网络模型的验证，有理由相信该模型在地铁盾构掘进过程中对邻近建筑物保护的概率安全评价是合理可靠的。结合 4.3 节基于贝叶斯网络的动态安全决策分析方法，通过贝叶斯网络前向预测推理、敏感性分析及逆向诊断推理方法，可对实际工程进行全过程实时辅助安全决策分析。按照阶段来划分，任何一个安全事故都可以分为事前、事中及事后三个过程，构成具体风险事故的演化周期，传统的安全风险决策控制研究较重视事前防范控制，如风险辨识与评价，而忽视事中控制，尤其是忽视事后诊断控制，由于地铁工程参与主体众多且责权关系复杂，对于各个阶段与环节的安全控制较为分散，没有形成有机的管控体系。本节仍以武汉地铁 2 号线盾构隧道为例，选取安全预评价中潜在安全风险较为显著的三栋建筑物进行分析，着眼于地铁盾构施工阶段，从事前、事中及事后各阶段进行实时安全诊断，及时提供安全控制对策与措施。

5.5.1 邻近建筑物事前安全风险控制

事前安全风险控制是利用贝叶斯网络的正向推理技术，输入先验知识，通过联合概率分布的传导，计算多个致险因素故障组合下地铁盾构施工可能诱发的建筑物变形安全情况，辅助决策人员进行事前风险防范。由于每栋建筑物所处环境各异（如工程地质、水文地质特征、与相邻隧道结构体的空间位置等），为方便分析，本书将所有影响邻近建筑物安全因素取值设置为一种情境。为便于比较分析，将先验知识下的邻近建筑物（即致险因素的取值无给定信息，按先验概率分布，可作为一般邻近建筑物考虑）所处的环境设置为情境 A，将三栋特定建筑物所处的环境分别设置为情境 B、情境 C 及情境 D。

在地铁盾构掘进之前的施工准备阶段，项目决策者对每一栋邻近建筑物的具体信息缺乏深入了解，地铁盾构施工对邻近建筑物的安全影响因素的取值可按先验知识考虑，即情境 A。根据式（5-19）可计算此情境下 $P'(T=1)=0.017$；$P'(T=2)=0.082$；$P'(T=3)=0.316$；$P'(T=4)=0.432$；$P'(T=5)=$

0.151。结果显示了先验概率背景下建筑物潜在的安全风险等级为Ⅳ级（$P'(T=4)>P'(T=3)>P'(T=5)>P'(T=2)>P'(T=1)$）。采用这种方式，可以在后验知识非常有限的前提下对地铁盾构施工对邻近建筑物的整体安全影响有一个初步判断，并以此为依据确定邻近建筑物的安全防护方案。

5.5.2 邻近建筑物事中安全风险控制

事中安全风险控制是利用贝叶斯网络的敏感性分析方法，通过研究地铁盾构施工过程中各个致险因素对建筑物变形的贡献程度，快速辨识关键致险因素，辅助施工人员实时了解动态的安全控制重点。在盾构机械实际掘进过程中，随着施工方案的确定，邻近建筑物所处情境中的隧道设计参数、工程地质及水文地质参数、建筑物参数等得以确定，不能随便更改。在实际施工过程中，灵活性较大的是盾构机械参数，可结合盾构机穿越地层的工程地质、水文地质、建筑物参数等及时调整与优化参数。因此，事中安全风险控制的重点在于辨识敏感的关键盾构机械参数。

对于一般建筑物，按先验知识（即情境A）考虑，各致险因素的属性值是未知的，以先验概率分布为证据输入到上文构建的贝叶斯网络模型中，利用式（5-21）计算盾构机械参数各指标的敏感性度$PSM(X_i)$（其中，$i=12,13\cdots19$），如图5-7（a）所示。结果显示当叶节点（邻近建筑物）处于Ⅴ级，严重危险（即$P(T=5)$）时，X15（刀盘转速）、X14（刀盘扭矩）和X12（推进力）是排在最前面的3个敏感性因素（X15>X14>X12>X16>X13>X17>X19>X18）；当邻近建筑物处于Ⅳ级，较危险（即$P(T=4)$）时，X15（刀盘转速）、X14（刀盘扭矩）和X12（推进力）是排在最前面的3个敏感性因素（X15>X14>X12>X16>X13>X17>X18>X19）；当邻近建筑物处于Ⅲ级，危险（即$P(T=3)$）时，X13（推进速度）、X15（刀盘转速）和X12（推进力）是排在最前面的3个敏感性因素（X13>X15>X12>X17>X16>X18>X14>X19）。相对而言，在先验知识背景下，一般邻近建筑物处于较高风险等级（$P(T=3,4,5)$）时，X12（推进力）、X13（推进速度）、X14（刀盘扭矩）和X15（刀盘转速）是对邻近建筑物安全影响较为敏感的盾构机械参数，应当作为该情境下重点关注的施工参数，进行实时调整优化，直至潜在安全风险得以控制。

对于特定建筑物，在与其对应的情境B、C及D下，各致险因素的属性值得到确定，利用式（5-22）计算盾构机械参数各指标的敏感性度$PSM(X_i)$（其中，$i=12,13\cdots19$），如图5-7（b）～（d）所示。结果显示相比于先验知识，给定证据信息后根节点的敏感性发生了一定变化，同时，不同情境下盾构机械参数对最终邻近建筑物安全的敏感性也有较大变化。为了方便分析，本书将每个指标的敏感性进行平均化，如图5-7中折线图所示。可见，情境B中，当邻近建筑物处于较高风险等级（含Ⅲ、Ⅳ及Ⅴ级）时，X16（切口水压力）、X15（刀

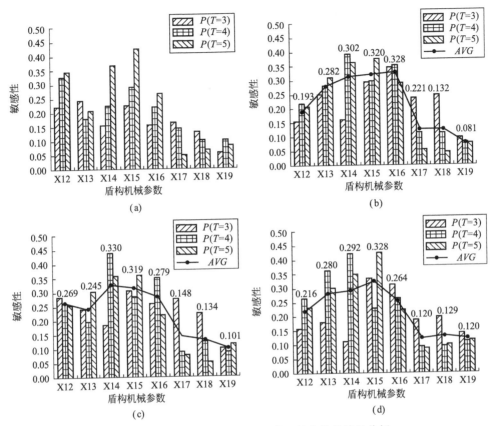

图 5-7 施工阶段不同情境下盾构机械参数敏感性分析
(a) 情境 A；(b) 情境 B；(c) 情境 C；(d) 情境 D

盘转速)和 X14（刀盘扭矩）的平均敏感性是排在最前面的 3 个影响因素；情境 C 中，当邻近建筑物处于较高风险等级（含Ⅲ、Ⅳ及Ⅴ级）时，X14（刀盘扭矩）、X15（刀盘转速）和 X16（切口水压力）的平均敏感性是排在最前面的 3 个影响因素；情境 D 中，当邻近建筑物处于较高风险等级（含Ⅲ、Ⅳ及Ⅴ级）时，X15（刀盘转速）、X14（刀盘扭矩）和 X13（推进速度）的平均敏感性是排在最前面的 3 个影响因素。从结果来看，不同情境下影响因素给定属性值不同时，地铁盾构施工过程中关键的安全控制点会发生变化，相应的，地铁盾构施工安全管理控制策略也会随之变化。

5.5.3 邻近建筑物事后安全风险控制

当前工程安全事故的排查诊断对专家经验知识依赖性很高，一旦事故发生，往往急于组织领域专家开展工程会议，集中讨论确定处理方案，这样很可能会延误安全事故的最佳处理时间，造成损失。事后安全风险控制是借助于贝叶斯网络的逆向推理技术，对事故发生进行反推演练分析，实时诊断查明事故致因。具体来说，在实际观察到周围环境达到变形警界值的情况下，运用贝叶斯网络逆向推理分析，计算各个致险因素的后验概率，然后针对后验概率较大的影响因素进行优先诊断排查，直到安全事件得到有效控制。

对于一般建筑物，即情境 A 中，各致险因素（X1～X19）的属性值是未知的，以先验概率分布为证据输入到上文构建的贝叶斯网络模型中，在给定邻近建筑遇较高风险等级（$P(T=4)$）的前提下，利用式（5-23）计算盾构机械参数指标的后验概率，如图 5-8（a）所示。结果显示 X14（刀盘扭矩）（$P(X14=4)=45.2\%$）和 X19（注浆量）（$P(X19=4)=46.9\%$）处于状态 4 的后验概率最大，是最可能导致邻近建筑物基础沉降过大的直接诱因。因此，可对 X14 与 X19 这两个盾构机械参数设置进行排查诊断，并进行适当调整。同时，将调整后的 X14 与 X19 参数值作为新的证据输入到贝叶斯网络模型中，进行第二轮的故障诊断，其诊断结果如图 5-8（b）所示。按照这种方式进行故障致因的反复诊断与排查，有助于实时的获取故障排查的合理路径，减少故障诊断的盲目性，直至地表建筑物基础沉降回归到正常水平。

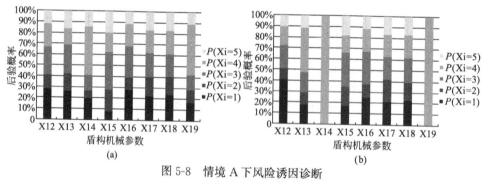

图 5-8　情境 A 下风险诱因诊断
（a）第一轮诊断 $P(T=4)$；（b）第二轮诊断 $P(T=4\mid X15=X19=3)$

对于特定建筑物，随着地铁盾构隧道掘进，在与其对应的情境 B、C 及 D 下隧道结构参数、工程地质、水文地质参数及建筑物参数等信息得以确定，将上述给定信息作为证据输入到构建的贝叶斯网络模型中，在给定邻近建筑遇较高风险等级（$P(T=4)$）的前提下，利用式（5-23）计算盾构机械参数指标的后验概率，分别如图 5-9（a）、图 5-10（a）、图 5-11（a）所示。从图中可以明确辨识导致邻近建筑物基础沉降过大的直接诱因，进而进行针对性排查与参数调整。按照同样的推理方式，将参数取值作为新的证据输入到贝叶斯网络模型中，进行第二轮的故障诊断，情境 B、C 及 D 下盾构机械参数各指标的后验概率结果分别如图 5-9（b）、图 5-10（b）、图 5-11（b）所示。由此可见，上一步诊断的结果可为下一步的诊断提供新的证据信息，并输入到贝叶斯网络中进行下一轮的逆向诊断推理。这样有助于指导施工人员快速查明最可能的致因组合，减少事故诊断的盲目性，及时阻止事故进一步恶化。

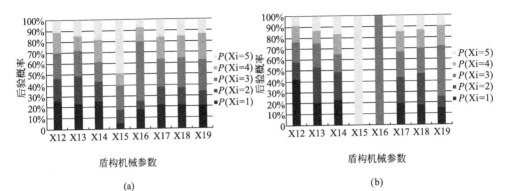

图 5-9 情境 B 下风险诱因诊断
(a) 第一轮诊断 $P(T=4)$；(b) 第二轮诊断 $P(T=4|X15=5, X16=3)$

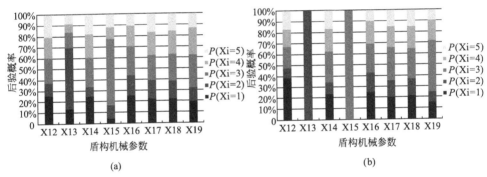

图 5-10 情境 C 下风险诱因诊断
(a) 第一轮诊断 $P(T=4)$；(b) 第二轮诊断 $P(T=4|X13=2, X15=3)$

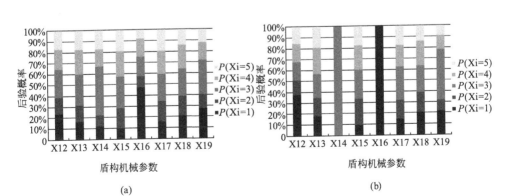

图 5-11 情境 D 下风险诱因诊断
(a) 第一轮诊断 $P(T=4)$；(b) 第二轮诊断 $P(T=4|X14=3, X16=1)$

第6章

隧道施工邻近建筑物安全风险控制管理与监控预警

前文主要研究了地铁盾构穿越建筑物施工风险分析、风险评价和主要影响因素的定量分析。本章将在前面的基础上，研究地铁穿越建筑物时造成的安全影响风险不可忽略时，如何针对建筑物损害风险采取有效加固和保护措施，并提出隧道施工邻近建筑物安全风险监控预警方法体系。

6.1 地铁盾构施工建筑物加固分析

6.1.1 建筑物基础注浆加固分析

注浆加固法是先在建筑物基础附近钻小孔，然后利用这个小孔把浆液注入其中，这样注入的浆液就可以顺着小孔流入地基之中，最终与地基胶化成为一个整体，以此来增加抵抗变形的能力。本书以好乐迪KTV建筑物为研究对象分析建筑物注浆加固的效果。该建筑物位于隧道的正上方，盾构隧道埋深为17m，对该建筑物基础范围内分别进行深度为5m、10m、15m的注浆加固，加固后的弹性模量E取$1 \times 10^3 \mathrm{MPa}$，泊松比$\mu$取0.2，重度取$22 \mathrm{kN/m^3}$。三种注浆加固计算模型如图6-1所示。

1. 建筑物基础注浆加固效果

盾构隧道埋深17m，注浆加固深度5m条件下的建筑物基础变形云图如图6-2所示，注浆前后建筑物基础最大沉降和最小沉降对比如图6-3所示。

由图6-3可以看出，注浆后建筑物基础最小沉降和最大沉降明显减少，加固前建筑物最大沉降为−34mm，加固后建筑物最大沉降为−24mm，加固前后最大差异沉降分别为9.7mm和9mm，最大倾斜率由加固前的0.97‰减少为0.9‰，不超过重要建筑物变形控制标准，不影响正常使用，说明注浆加固效果明显，能有效减少建筑物损坏风险。

2. 建筑物基础注浆加固深度分别为5m、10m、15m时的效果对比分析

盾构隧道埋深27m，建筑物基础注浆加固5m、10m、15m注浆效果对比如

图 6-4 所示。

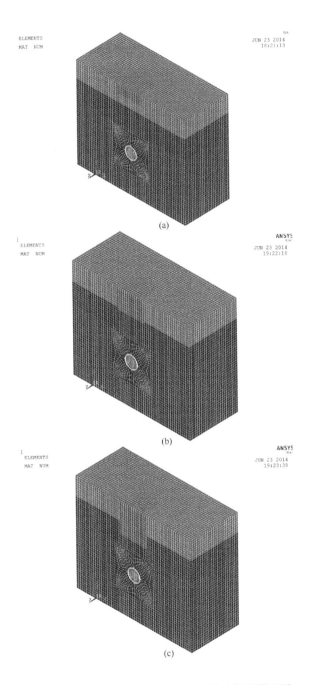

图 6-1 三种不同注浆加固深度的三维有限元模型图
(a) 注浆加固深度 5m；(b) 注浆加固深度 10m；(c) 注浆加固深度 15m

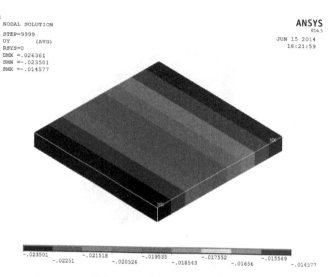

图 6-2 注浆加固深度为 5m 时的基础变形云图

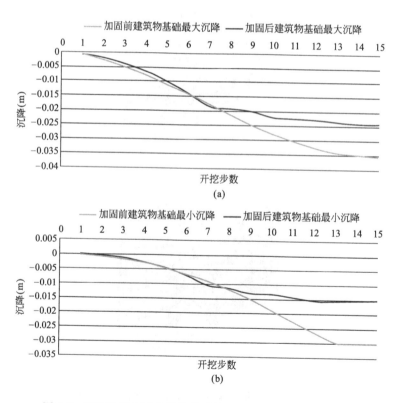

图 6-3 注浆加固前后建筑物基础最大沉降和最小沉降对比图
（a）注浆加固前后建筑物基础最大沉降；（b）注浆加固前后建筑物基础最小沉降

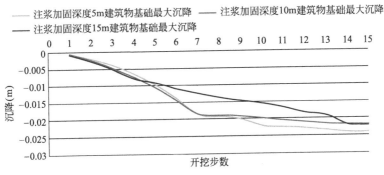

图 6-4 建筑物基础注浆加固 5m、10m、15m 注浆效果对比图

由图 6-4 可知，随着加固深度的增加，建筑物沉降在减少。但在开挖前几步，加固深度增大，反而沉降更大，这可能是加固体自身重量以及加固体与土相互作用造成。在隧道开挖至基础下方时，加固效果十分明显，最大沉降得到了有效控制。一般而言，在实际施工中，往往是加固至软弱土层的底部。而由图 6-4 可知当在开挖后期甚至隧道施工结束后，注浆 10m 即恰好加固至第一层土层底部，与注浆 15m 的效果基本相同，这与现实施工规律基本一致。因此同时考虑土体长期应力状态以及加固成本，加固 10m 更为合适。

6.1.2 建筑物基础树根桩加固分析

在实际工程中有时候会选择建筑结构本身的基础结构作为一个承台，利用桩结构来加强结构本身基础的强度，从外观上看起来就像是一个树根，因此称为树根桩加固措施。应用桩来加固原有基础的方法非常灵活，可以应用在一个独立的基础上也可以应用在成排的多个基础上，不仅可以在正常的状态下使用，也可以在有一定倾斜程度的情况下采用。因为它具有灵活性和多样性，所以被广泛采用。

本书以好乐迪 KTV 建筑物为研究对象研究树根桩加固效果。该建筑物位于盾构隧道的正上方，盾构隧道埋深为 17m，分别对建筑物基础四周进行深度为 5m、10m、15m 的树根桩加固，树根桩加固后的弹性模量 E 取 $1×10^3$ MPa，泊松比 μ 取 0.2，重度取 $22kN/m^3$。三种注浆加固计算模型如图 6-5 所示。

1. 建筑物基础树根桩加固效果

盾构隧道埋深 17m，树根桩加固深度 5m 条件下的建筑物基础变形云图如图 6-6 所示，注浆前后建筑物基础最大沉降和最小沉降对比图如图 6-7 所示。

由图 6-7 可以看出树根桩加固后建筑物基础最小沉降和最大沉降有少量减少，加固前建筑物最大沉降为 35mm，加固后建筑物最大沉降为 30mm，加固前后最大差异沉降分别为 9.7mm 和 9.4mm，倾斜率由加固前的 0.97‰ 减少为 0.94‰，不超过重要建筑物变形控制标准，不影响正常使用，说明树根桩对建筑物基础加固有不错的效果。

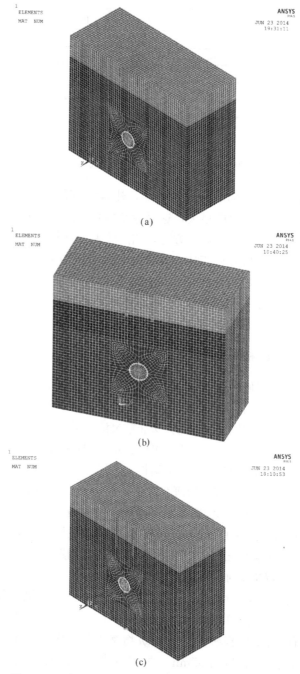

图 6-5　三种不同深度树根桩加固的三维有限元模型图
(a) 树根桩加固深度 5m；(b) 树根桩加固深度 10m；(c) 树根桩加固深度 15m

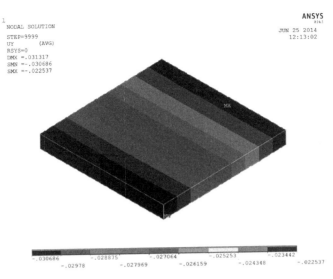

图 6-6　树根桩加固深度为 5m 时的基础变形云图

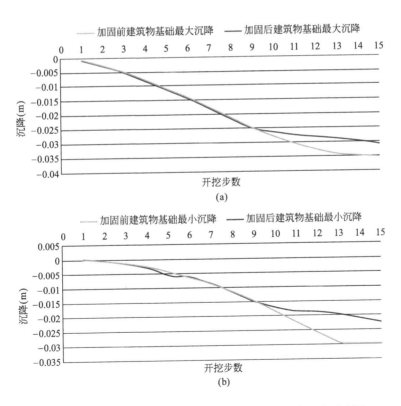

图 6-7　树根桩加固前后建筑物基础最大沉降和最小沉降对比图
(a) 树根桩加固前后建筑物基础最大沉降；(b) 树根桩加固前后建筑物基础最小沉降

2. 建筑物基础树根桩加固深度分别为 5m、10m、15m 时的效果

盾构隧道埋深 17m，建筑物基础树根桩加固深度为 5m、10m、15m 的效果对比如图 6-8 所示。

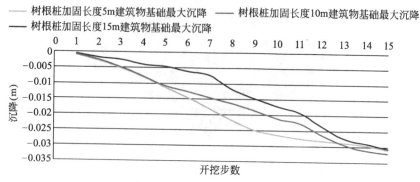

图 6-8　建筑物基础树根桩加固注浆效果对比图

由图 6-8 可知，建筑物树根桩加固和建筑物基础整体注浆加固有类似规律，随着加固深度的增加，建筑物沉降在减少，在隧道掘进至基础下方时，加固效果十分明显，最大沉降得到了有效控制。一般而言，在实际施工中，一般加固至软弱土层的底部。由图 6-8 中可知在开挖后期至隧道施工结束后，树根桩加固 5m、10m 和 15m 对建筑物的最终沉降控制效果基本相同，但随着加固深度增加对建筑物沉降控制更有效，而建筑物在开挖过程中损坏是的建筑物主要破坏形式，所以选择合理的加固深度既可以控制成本也可以有效保护建筑物。

6.1.3　建筑物桩基加固分析

本书以宝丽金国际广场桩基为研究对象进行建筑物桩基加固分析，该建筑物桩基距离隧道右线最近处约 7m，最远处约 13m，隧道在该建筑物桩基处埋深约 17～27m。分析隧道埋深 17m 时分别对距离盾构隧道 7m 和 13m 的桩基采用高压旋喷桩隔离法进行加固的效果，隔离加固深度为 20m，加固后的弹性模量 E 取 1×10^3MPa，泊松比 μ 取 0.2，重度取 22kN/m³。两种桩基加固计算模型如图 6-9 所示。

盾构隧道埋深为 17m，距离隧道 7m 时的加固后桩基变形云图如图 6-10 所示，桩基加固前后桩基变形对比如图 6-12 所示。盾构隧道埋深 17m，距离隧道 13m 时的加固后桩基变形云图如图 6-11 所示，桩基加固前后桩基变形对比如图 6-13 所示。

由图 6-10～图 6-13 可知，加固前桩基的变形增量随着深度增加而加大，

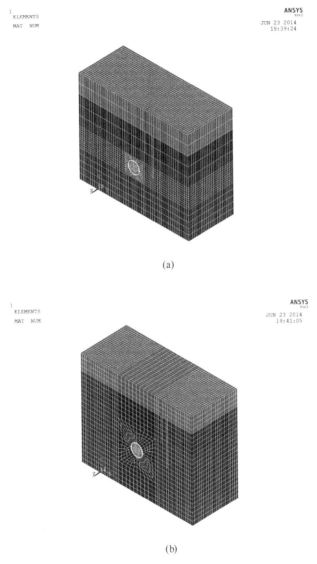

图 6-9 桩基加固三维有限元模型图
(a) 距离盾构隧道 7m 的桩基加固;(b) 距离盾构隧道 13m 的桩基加固

但采取加固措施后的桩基变形有一定减小,且倾斜程度从浅至深呈线性减少,表明这样的加固是有效的。从图中可以看出隧道距离桩基 7m 时的加固效果比隧道距离桩基 13m 时明显,所以距离隧道较远的桩基采用隔离法加固效果不明显。

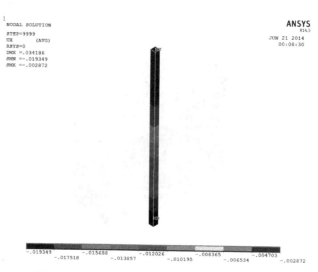

图 6-10　距离隧道 7m 时加固后桩基变形云图

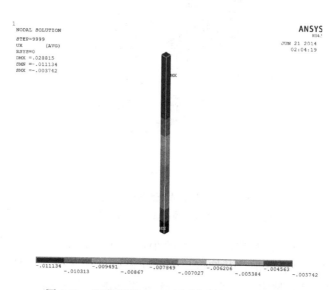

图 6-11　距离隧道 13m 时加固后桩基变形云图

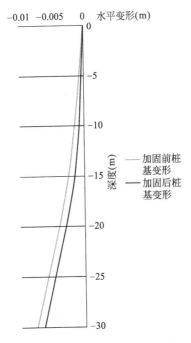 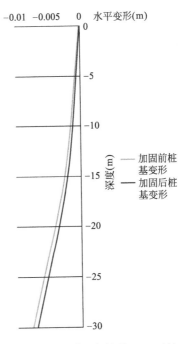

图 6-12 隧道距离桩基 7m 时桩基加固前后变形对比图　　图 6-13 隧道距离桩基 13m 时桩基加固前后变形对比图

6.2 地铁盾构施工建筑物安全控制措施

6.2.1 地铁盾构穿越建筑物相关技术控制措施

1. 盾构隧道施工安全技术措施

（1）泥水压力的合理设置

合适的泥水压力是保持盾构掘进时前方掌子面稳定的关键因素，合理的泥水压力能避免在施工中由于地面土体的流失引发下沉现象。

（2）严格控制出渣量

盾构施工时要检测出渣数量，通过出渣数量就可以知道会不会有塌陷发生，实际掘进过程中，通过调整掘进参数使出渣量控制在合理范围内。

（3）保持盾构机的连续、匀速掘进

（4）保证同步注浆量和注浆压力

盾构掘进过程中采用注浆量与注浆压力双重标准控制同步注浆的过程，即其中任何一个条件不满足就不能停止注浆,必要时进行二次注浆。通过对注浆参数的控制,在盾构施工穿越建筑物群时能较好地保护建筑物的安全。

2. 建筑物保护技术措施

(1) 盾构到达前的准备工作

① 对靠近建筑物侧搅拌桩进行加固;

② 准备抢险机具设备、车辆、警戒标识物等;

③ 在到达特殊段前,要从工程施工范围内的土体中选择一块平衡状态最好的地段,然后对施工设备(盾构设备)进行全面的检查和修理,这样就能保证设备能够正常工作,不会发生突然停机的现象,减少不必要的麻烦;

④ 检查盾尾刷的密封性能,保证盾尾的密封效果;

⑤ 定期维护和修理设备,尤其是刀头处,因为会有一定磨损,因此一定要特别注意;

⑥ 浆液中含有砂浆等成分,因此在施工中难免会遇到堵塞管道的情况,在这些情况发生时一定要及时处理;

⑦ 定期对通往开挖面、土仓的泡沫管进行疏通。

(2) 建筑物隔离保护

盾构通过前应对易受盾构施工影响的建筑物进行保护,主要包括周边 10m 内建筑物,保护措施主要为通过地面加固,利用搅拌桩及旋喷桩将建筑物的桩基与受盾构掘进影响的土体隔离,以减少建筑物的不均匀沉降。建筑物原有桩基距隧道结构线之间采用搅拌桩加固(2 排 φ500@450,排距 350mm);搅拌桩穿过砂层,到达不透水层。对于过水箱涵在管线两侧各 3.5m 范围内采用袖阀管注双液浆进行保护,加固深度必须进入盾构隧道 3.0m。根据监控量测,若加固效果不满足设计要求,需调整加固方案保证加固质量。其他路段主要采用洞内压力控制时,可依据检测结果及时调整掘进参数。对于浅基础房屋沉降超限的,向房屋基础下方斜向打设花管,压注水泥浆,如图 6-14 所示。

(3) 建筑物跟踪注浆保护

盾构通过时,对受盾构影响的建筑物进行跟踪注浆保护。盾构通过期间根据监测数据设置注浆次数和注浆量。某建筑物现场注浆孔布置如图 6-15 所示。

6.2.2 地铁盾构施工穿越建筑物保护方案及效果

1. 好乐迪 KTV 建筑物概况

好乐迪 KTV 建筑物为公共商业场所,主体部分为 4 层,局部 5 层,建筑面积约 6000m^2,基础形式为筏板基础。建筑物与隧道的位置关系详见图 2-27 和图 2-28。

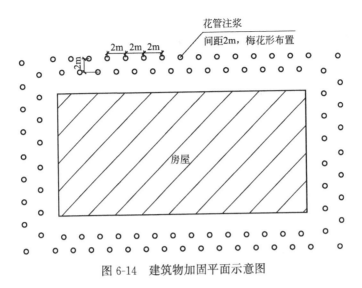

图 6-14　建筑物加固平面示意图

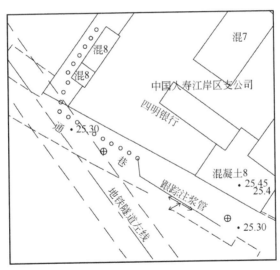

图 6-15　四民银行建筑物跟踪注浆孔布置图

好乐迪 KTV 建筑物位于隧道正上方，建筑物基础距离隧道顶部 17m，由于建筑物邻近车站端头接收井，车站基坑施工、端头井施工和端头井区域旋喷加固施工已经对该建筑物造成了较大沉降。好乐迪 KTV 建筑物监测点布置和建筑物与端头接收井的位置关系如图 6-16 所示，端头接收井施工造成好乐迪 KTV 建筑物沉降见表 6-1。

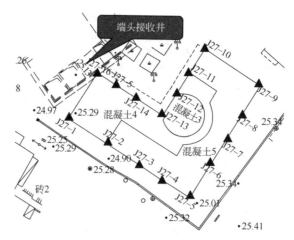

图 6-16　好乐迪 KTV 建筑物监测点布置图

端头井施工造成的好乐迪 KTV 建筑物沉降　　　　表 6-1

监测点	累计沉降(mm)
JZ27-01	−18.6
JZ27-03	−13.8
JZ27-05	−8.6
JZ27-06	−11.4
JZ27-07	−5.8
JZ27-08	−7.1
JZ27-09	−6.4
JZ27-16	−20.7

由表 6-1 建筑物沉降监测得知，好乐迪 KTV 建筑物在盾构隧道掘进施工前的最大累计沉降已达到 20.7mm，最大差异沉降为 12.1mm，最大倾斜率达 4‰，所以该建筑物对盾构隧道施工造成的扰动较为敏感，建筑物难以承受较大变形。只有根据监控量测数据才能提出最有效的防护方法，将变形减少到最小，在保障安全的同时减少了损失。

2. 盾构通过采取的措施

（1）盾构掘进泥水压力控制

汉口段盾构掘进过程中，坚持每天测量汉口侧长江水位，根据水土分算的原则，设置掘进泥水压力，穿越建筑物时，适当提高泥水压力 0.2～0.3bar。

（2）严格控制出渣量

盾构每一循环的出渣量可由下式计算得出：
$$S = 1/4 \times \pi \times D \times 2 \times W \times k \tag{6-1}$$
式中　D——盾构开挖断面直径，取 6.52m；
　　　W——每一作业循环长度，取 1.5m；
　　　k——渣土松散系数，取 1.1~1.2。

计算得出隧道每环出渣量应控制在 55~65m³。在实际掘进过程中，通过调整掘进参数等来控制出渣量在合理范围内，防止超控欠挖造成地表变形和建筑物变形。

（3）壁后同步注浆控制

利用同步注浆的方法不仅可以很好地控制注浆过程，还能够使注浆速度大大提高，节省了时间，提高了工作效率。

穿越建筑物时同步注浆施工参数如下：

胶凝时间：穿越建筑物时，按现场施工情况将注浆液中成分的比例做一定调整，以达到最好的效果，这样就能够加快胶凝过程，减少其所需时间（减少到5h），以实现注浆的最优效果；

浆液结石率：大于95%，即固结收缩率<5%；

同步注浆压力设置为 1.1~1.2 倍的静止水压力，做到尽量填补同时又不产生劈裂。在这种压力的作用下注浆量一定要调节好，要达到理论数值的 2 倍甚至是接近 3 倍（即 9.6~12m³/环），在这个过程中仍然不能间断观察，要通过观察的数据及时调整和控制。

（4）二次注浆及时跟进

盾构穿越建筑物时，洞内具备二次注浆条件处，掘进完成后迅速跟进对建筑物下方的所有管片实施二次补强注浆，所用浆液为水泥-水玻璃双液浆。

（5）严格控制盾构姿态

穿越建筑物前，调整盾构机姿态至最佳，穿越建筑物时减少纠偏，使盾构保持良好的姿态掘进。

（6）对好乐迪 KTV 建筑物进行跟踪注浆保护

对风险较大的建筑物要进行地基加固。先在建筑物基础布设注浆孔，施工过程中，根据沉降情况实施地面动态跟踪注浆，直至稳定状态，注浆量视实际情况而定，以确保沉降量控制在规定范围之内。

在前文中对建筑物进行 5m、10m、15m 三种不同深度加固方案进行了比选，得出加固深度为 10m 能在加固效果和经济性上达到平衡。故采用的加固方案为：

① 采用预埋注浆管后退式分段注浆，跟踪注浆孔间距 1.5m，缓缓注入泥浆直到达到 10m 左右的深度时停止。再根据压力的要求将终压范围限制在 0.5~1.0MPa，这个过程的操作都是在数据的提示下进行的，好乐迪 KTV 建筑物注

浆孔布置如图6-17所示。

② 跟踪注浆采用水泥-水玻璃双浆液,其中的水泥-水玻璃液都是有要求的,前者的水灰比一定要是1∶1而后者的玻美度为35;而这两者的比例是无法事先确定的,一定要根据实际的情况确定,但要注意的是其凝固的时间必须控制在35~40s,这样才能保证浆液的有效性。

③ 针对不同的结构类型建筑物的注浆压力是不同的,在注入泥浆的过程中还要注意注浆的快慢,根据具体情况进行操作,理论必须与实际环境相结合,然后再将试验所得到的数据信息进行检验和修正。

④ 根据现场监测结果,建筑物变形值达到或超过以下两项标准中的任何一项时,即可实施跟踪注浆:测点沉降速率超过2~3mm/d;测点最大差异沉降大于8mm/10m。

⑤ 一旦注浆过程达到了要求的标准时(如抬升数值达到3~4mm时),本次注浆就完成了。从开始注浆到注浆结束这一过程就是一个循环,然后再进行多次重复性的循环操作就可以了。

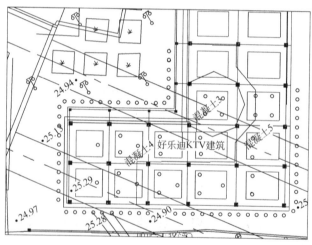

图6-17 好乐迪KTV建筑物注浆孔布置图

3. 好乐迪KTV建筑物保护效果总结

对于工程附近的建筑物,如果施工对其造成的损害较轻,也就是说不影响结构的安全性能时,只要把观测时间间隔缩短,同时派相关工作人员进行不间断巡查,就能够使其处于安全状态。如果工程附近的某栋建筑物出现了一些大范围的沉降或者不均匀沉降时,为了保证施工中建筑物的安全就一定要采取加固措施,可以采用注浆的方式。这样的方法能够将该建筑结构的变化控制在最小的范围内,减小建筑物的破坏程度。再对整个建筑结构的上下两个部分进行详细的检查和数据记录,只有确认建筑物已经处于安全状态后方可继续使用,若发现建筑物结构发生损坏,要对损坏部分采取结构加固和修缮。由于对好乐迪 KTV 建筑物采取了一系列保护措施,隧道施工中根据建筑物即时监测结果进行了有效保护,使建筑物损坏降到最低,不均匀沉降较小,取得了较好的效果。

6.3 地铁盾构施工安全监测与预警

6.3.1 地铁盾构施工安全监测要求

为了及时反映隧道推进区域上方建筑物的变形情况,在盾构穿越期间需要对受影响的建筑物进行沉降、裂缝、倾斜的观测。盾构法施工阶段,要派人进行全天的观察和记录(针对工程范围内以及附近的建筑结构),每天将数据整理后以文字的形式汇报给上级领导,在这一文字报表中还应该附有沉降量的曲线分析图,以方便其他人员了解沉降情况。

武汉地区地质条件复杂,如果地质情况出现突变且地质情况无法准确确认时,则要着重观察土压力数值变化情况,同时要分析这个情况下土体的一些信息,然后将观察到的数据与其相结合,就可以知道施工过程中会不会发生坍塌或地下水渗出的情况。

1. 在施工过程中观察并记录信息的原因

(1) 由于工程施工环境存在各种差异,所以在不同的环境中都要将沉降以及开挖的土体变化特点记录下来,这样才能分析出不同环境下的变化规律,以方便技术人员根据不同的规律提出不同的解决方案。最终目的是安全施工;

(2) 在开挖施工前,要考虑开挖土体对周围环境的影响并预估土体开挖造成的地表沉降,可以通过对周围环境以及附近建筑物结构的特点进行比较和分析,再结合实际情况,确定哪些建筑物或是地下管网需要保护,或是对不可避免的影响提前采取应对措施。这样不仅利于施工,更能将损失减小到最低;

(3) 在整个项目施工过程中,都要进行沉降数据的观测和记录。同时分析和研究这些沉降是否超过了极限范围或者有哪些变化规律等。通过这样的研究分析就可以随时掌控施工过程,为环境或土体变化时提供有利的数据;

(4) 在施工过程中不仅要对地表沉降进行观测,同时还应观测并记录周围建筑物和土体的倾斜度、曲率、水平变形及地下水等的变化,这些参数也反映了隧道与邻近建筑物之间的相互制约关系。设计人员可依据所获得的数据进一步完善设计。

2. 监测内容

(1) 建筑物监测,地下管线监测等;

(2) 围岩与隧道结构相互作用监测，如隧道管片变形、管片姿态等。

3. 监测频率

当监测点在盾构掘进开挖作业面 10m 范围内时，监测频率为 2 次/天；当监测点距盾构掘进开挖作业面 10～30m 时，监测频率为 1 次/天；当监测点距开挖作业面大于 30m 时，监测频率为 1 次/周。当监测的沉降或隆起数据超过极限值的 80%或者是当记录的信息发生异常时，要把观测记录的时间间隔缩短，将观测的区域增大，同时还应该把这些变化的信息反馈给施工管理人员，立即研究和分析变化的具体原因，最终有效地解决问题。

4. 盾构隧道工程安全风险监控技术要求

本地铁盾构工程安全风险监控技术指标体系是在参考有关标准、规范的基础上，结合武汉等地的实际工程经验，针对地铁工程建设的特点编写完成的。对应重要监控对象的监控技术指标值，还需根据具体情况进行调整。

(1) 建筑物沉降监控

① 测点布置

沉降观测点的位置和数量应根据工程地质和水文地质条件、建筑物的体型特征、基础形式、结构种类、建筑物的重要程度及其与地铁盾构结构的距离等因素综合考虑。

② 监控仪器及精度

沉降监控采用的水准仪及其监控精度应符合表 6-2 中有关要求。

沉降监控的等级划分、精度要求和适用范围　　　　表 6-2

监控等级	Ⅰ	Ⅱ	Ⅲ
观测点的高程中误差（mm）	±0.3	±0.5	±1.0
相邻点的高程中误差（mm）	±0.1	±0.3	±0.5
适用范围	线路沿线变形特别敏感的超高层、高耸建筑、精密工程设施、重要古建筑物等	线路沿线变形比较敏感的高层建筑物；轨道交通施工中的支护结构、隧道拱顶下沉等	线路沿线的一般多层建筑物、地表等

注：观测点的高程中误差是指相对于最近的沉降控制点的误差。

(2) 建筑物倾斜监控

① 监控范围

建筑物倾斜监控原则上只在重要的高层、高耸建筑物或桥墩上进行。

② 监测仪器及精度

全站仪，其精度为±2″，±(2mm+2ppm)。

(3) 建筑物裂缝监控

对于建筑物的一般裂缝应采用裂缝宽度板或游标卡尺进行直接观测，其精度为 0.2mm。对于比较重要和细微的裂缝，应采用裂缝观测仪进行监控，其精度为 0.1mm。

5. 盾构隧道工程安全监控流程

地铁隧道施工监控项目包括两类，一类是必测项目，一类是选测项目。必测项目是保证隧道周边环境和围岩的稳定以及施工安全，同时反映设计、施工状态而必须进行的日常监控量测项目。选测项目是为满足隧道设计与施工的特殊要求进行的监控量测项目。

地铁盾构施工监控项目的选取，不是固定的，不能做出统一的规定，这是由地铁盾构工程施工特点决定的。地铁盾构涉及的线路长，工程施工所处的环境也各不相同。针对不同的地质状况、围岩结构、周边环境等施工因素，根据工法对周边环境可能造成的影响，再确定施工监控项目。这样有针对性的监控量测，既可以节省工程建设施工的费用，又可以保证施工的质量。地铁盾构工程施工前，应先制定监控量测方案，确定施工中应该监测的项目。地铁盾构工程施工监控实施的基本流程如图 6-18 所示。

6. 监测数据处理和分析

高程的变化是通过监测数值计算得出的，并由此画出时间与沉降（累计）的关系图，时间与沉降（每次）的关系图。以盾构法施工的工程，要按照规定对现场进行沉降量（包括建筑物与地表等）监测，监测的频率与要求都要严格按照规定执行。当监测结束后，要对数据进行整理，并依据数据分析造成地表和建筑物沉降的关键因素。施工现场人员应在第一时间得到分析结果与调整建议，相关参数要根据结果进行调整，保证盾构施工和周边建筑物安全。建筑物与地表的沉降在盾构施工监控量测的指导下得到了有效的控制，信息化管理在盾构施工中尤为重要，但对其进行组织管理更为重要，这不但是保证信息渠道通畅的手段，更是反馈信息的重要途径。

7. 地表变形预测

施工与设计方案的最终选定都与地表沉降量有密不可分的关系，而地表沉降量的选定就变得特别重要，主要通过其他工程的经验以及具体数据的数值分析得到，即在施工开始前预测。有关资料表明，盾构开挖引起的地表沉降主要发生在距离盾构掘进作业面之前 2 倍洞径和距作业面之后 3 倍洞径的长度范围内。

地表沉降产生的基本原因是盾构掘进时所引起的地层损失和隧道周围地层受到扰动或剪切破坏的再固结。地层损失引起的地表沉降，大都在施工期间呈现出来，而再固结引起的地表沉降，在砂性土中较快呈现，在黏性土中则要延续较长时间。盾构施工阶段的地表沉降大致发生在五个阶段：盾构到达前、盾构到达

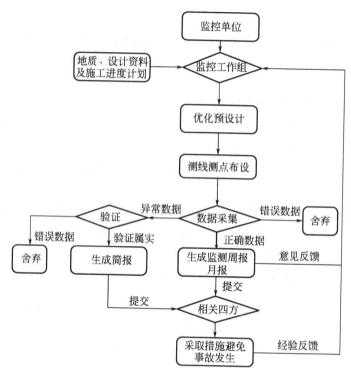

图 6-18 监控工作流程图

时、盾构通过后、管片脱出盾尾时及后期的长期变形。

6.3.2 地铁盾构工程安全风险监控预警程序

1. 数据处理

绘制量测数据的时态曲线（如位移-时间曲线和速率-时间曲线）是数据处理的基本方法，也是竣工文件中必不可少的一部分。在监控量测的信息处理与反馈中，要及时对监测数据进行整理和校对，各类数据均应及时绘制成时态曲线。时间横坐标下的各类动态是综合分析的条件，尤其是发生各种事故时，是分析原因的依据。工程实践证明，上述工作能使地铁盾构施工管理人员获取第一手和第一时间的工程、环境安全动态。目前已有越来越多的施工、设计和监理人员认识到它的重要性，已将其列为监控安全信息的重要工作程序之一。

2. 信息反馈

将各测点实测数据与标准控制值进行对比，根据对比结果，按照是否超限以及超限程度，制定一套信息反馈的流程，以便于在实际的监测管理工作中，各参建单位能形成统一的流程标准，利于监测工作的开展。

具体的信息反馈的流程如图 6-19 所示。

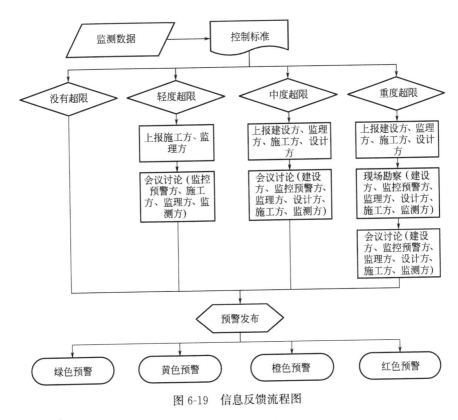

图 6-19 信息反馈流程图

根据测点指标超限情况制定的预警状态判定表见表 6-3。其中绿色预警对应 I、II 级风险,不需要采取措施,黄色预警对应 III 级风险,橙色预警对应 IV 级风险,红色预警对应 V 级风险。

预警状态判定表　　　　　　　　　　　　　　　表 6-3

预警级别	预警状态描述
黄色预警	实测位移(或沉降)的绝对值和速率值双控指标均达到极限的 70%～85%时;或双控指标之一达到极限值的 85%～100%而另一指标未达到该值时
橙色预警	实测位移(或沉降)的绝对值和速率值双控指标均达到极限值的 85%～100%时;或双控指标之一达到极限值而另一指标未达到时;或双控指标均达到极限值而整体工程尚未出现不稳定迹象时
红色预警	实测位移(或沉降)的绝对值和速率值双控指标均达到极限值,与此同时,还出现下列情况之一时:实测的位移(或沉降)速率出现急剧增长;隧道或基坑支护混凝土表面已出现裂缝,同时裂缝处已开始渗水、流水

发出黄色预警时,监测单位和施工单位应加密监测频率,加强对地面和建筑物沉降动态观察,尤其应加强对预警点附近的雨污水管和有压管线的检查和处理。发出橙色预警时,除应继续加强上述监测、观察、检查和处理外,应根据预

警状态的特点进一步完善针对该状态的预警方案，同时应对施工方案、开挖进度、支护参数、工艺方法等进行检查和完善，在获得设计和建设单位同意后执行。发出红色预警时，除应立即向上述单位报警外还应立即采取补强措施，并经设计、施工、监理和建设单位分析和认定后，改变施工程序或设计参数，必要时应立即停止开挖，启动应急预案。各级预警后采取的相应工程措施见表6-4。

各级预警后工程措施　　表6-4

黄色预警	提请各参建单位关注,加密监测频率,加强对地面和建筑物沉降动态的观察
橙色预警	加密监测频率,加强对地面和建筑物沉降动态观察,根据预警状态的特点进一步完善针对该状态的预警方案,应对施工方案、开挖进度、支护参数、工艺方法等进行检查和完善
红色预警	立即采取补强措施,并经设计、施工、监理和建设等单位分析和认定后,改变施工程序或设计参数,必要时应立即停止开挖,启动应急预案

6.3.3 地铁盾构施工穿越建筑物监测及预警分析案例

1. 武汉地铁 2 号线左线盾构隧道穿越好乐迪 KTV 建筑物沉降监测分析

武汉地铁 2 号线盾构隧道穿越好乐迪 KTV 过程的监测数据显示，好乐迪 KTV 建筑物部分监测数据变化较大。好乐迪 KTV 建筑物监测点布置如图 6-16 所示，建筑物沉降监测数据曲线如图 6-20 所示，建筑物沉降监测数据详见表 6-5。

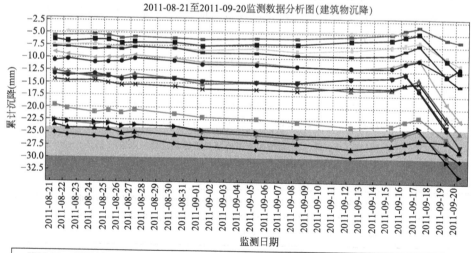

图 6-20　武汉地铁 2 号线隧道穿越好乐迪 KTV 建筑物沉降曲线图

好乐迪 KTV 建筑物沉降表　　　　　　　　　表 6-5

监测点	累计沉降(mm)	沉降速率(mm/d) （9月18日～9月19日）	沉降速率(mm/d) （9月19日～9月20日）
JZ27-01	−30.3	−0.4	−1.5
JZ27-02	−32.2	−2.65	−2.8
JZ27-03	−33.4	−3.35	−3.0
JZ27-04	−26.2	−3.75	−3.9
JZ27-05	−28.3	−3.95	−4.1
JZ27-06	−27.5	−3.8	−3.9
JZ27-07	−22.5	−2.7	−2.2
JZ27-13	−22.2	−4.45	−3.3
JZ27-14	−24.6	−3.75	−3.0
JZ27-15	−28.6	−2.1	−2.8
JZ27-16	−28.5	−0.1	−2.1

由第 6.2.2 节可知，在盾构隧道穿越好乐迪 KTV 建筑物之前，建筑物累计最大沉降已达到 −20.7mm，最大差异沉降达到 12.1mm，最大倾斜率达 4‰。由表 6-5 可知，盾构穿越施工造成的最大沉降达到 −33.4mm，最大差异沉降为 10.9mm，最大倾斜率达到 3‰，由此可见盾构穿越施工虽然对好乐迪 KTV 建筑物沉降造成进一步影响，但由于采取的技术措施和管理措施得当，没有发生建筑物局部沉降过大，建筑物开裂等破坏，取得了不错的效果。

2. 盾构穿越好乐迪 KTV 建筑物现场巡视情况

2011 年 9 月 19 日 8 点，左线盾构 2058 环开始掘进，盾构开始穿越好乐迪 KTV 建筑物。

2011 年 9 月 19 日 18 点，左线盾构 2061 环开始掘进，盾构正在穿越好乐迪 KTV 建筑物，经现场巡视，建筑物未发现裂缝等异常情况。

2011 年 9 月 20 日 0 点，左线盾构 2062 环开始掘进，经现场巡视，建筑物未发现裂缝等异常情况。

2011 年 9 月 20 日 4 点，左线盾构 2063 环开始掘进，经现场巡视，建筑物未发现裂缝等异常情况。

2011 年 9 月 20 日 13 点，左线盾构 2064 环开始掘进，经现场巡视，建筑物未发现裂缝等异常情况。

2011 年 9 月 20 日 22 点，左线盾构 2065 环开始掘进，经现场巡视，建筑物未发现裂缝等异常情况。

2011年9月21日3点55分,左线盾构2066环开始掘进,经现场巡视,建筑物未发现裂缝等异常情况。

2011年9月21日9点,左线盾构2066环掘进完成,成功穿越好乐迪KTV建筑物,经现场巡视,建筑物未发现裂缝等异常情况。

3. 盾构穿越好乐迪KTV建筑物总结

左线盾构成功穿越好乐迪KTV建筑物,该建筑物未发现裂缝等异常情况,总结经验如下:

(1) 施工单位在左线盾构掘进过程中保证各项参数的稳定,快速均匀穿越建筑物,同步注浆及时跟进;

(2) 盾构穿越好乐迪KTV建筑物前,施工单位针对该处采取了以下措施:①在好乐迪人行通道处搭设安全通道,防止玻璃幕墙掉落砸伤行人;②对好乐迪KTV建筑物进行袖筏管注浆保护;③做好突发事件应急预案和现场应急准备;

(3) 监测单位加强了对好乐迪KTV建筑物的监测工作,施工方6次/天,第三方监测频率为4次/天;

(4) 加强巡视,在盾构隧道内和建筑物现场派专人驻点巡视,每隔2~3h巡视1次,发现问题及时处置。

参考文献

[1] 胡群芳，黄宏伟，陈龙.盾构隧道施工对城市沥青路面影响的风险评估［J］.地下空间与工程学报，2005（02）：263-267.

[2] 丁烈云，吴贤国，等.地铁工程施工安全评价标准研究［J］.土木工程学报，2011（11）：121-127.

[3] 吴贤国，姜洲，张立茂，曾铁梅，刘梦洁.地铁施工邻近建（构）筑物安全管理及评价标准［J］.建筑技术，2016，47（06）：521-524.

[4] HSE. Safety of new Austrian tunneling method (NATM) tunnels—a review of sprayed concrete lined tunnels with particular reference to London Clay [M]. Health and Safety Executive, UK: HSE Books, 1996.

[5] Martos F. Concerning an approximate equation of subsidence trough and its time factors [A]. Proc. of the International Strata Control Congress [C]. Leipzig University Press, 1958.

[6] Peck R B. Deep excavations and tunneling in soft ground [A]. Proc 7th International Conference on Soil Mechanics and Foundation Engineering [C]. Mexico City, 1969: 225-290.

[7] 阳军生，刘宝深著.城市隧道施工引起的地表移动及变形［M］.北京：中国铁道出版社，2002.

[8] O'Reilly M P, New B M. Settlements above tunnels in the UK—their magnitude and prediction [J]. Tunnelling, 1982: 173-181.

[9] New B M, O'Reilly M P. Tunnelling induced ground movements: predicting the magnitude and effects [A]. in: James D Geddes eds. Proc. 4th International Conference on Ground Movements and Structures [C]. Pentech Press, London, 1992: 671-697.

[10] O'Reilly M P, Mair R J, Alderman G H. Long settlements over tunneling: an 11 year study at Grimsby [C]. Procedings of Conference Tunnelling, London, 1991: 55-64.

[11] T. Nomoto, H. Mori, M. Matsumoto. Overview of ground movement during shield tunneling: A survey on Japanese shield tunneling in: Fujia & Kusakabe eds [A]. Proc. Underground Construction in Soft Ground, Balkema, Rotterdam, 1995: 345-351.

[12] 刘建航，侯学渊.盾构法隧道［M］.北京：中国铁道出版社，1991.

[13] 陶履彬，侯学渊.圆形隧道的应力场和位移场［J］.隧道及地下工程，1986，7（l）：9-19.

[14] 钱七虎.地下工程安全风险管理的现状、问题及思考［A］.中国土木工程学会工程风险与保险研究分会、日本土木工程学会隧道工程分会、重庆岩石力学与工程学会. Proceedings of third China-Japan Workshop on Tunnelling Safety & Risk (CJTSR2011) [C]. 中国土木工程学会，2011.

[15] Litwiniszyn J. Fundamental principle of the mechanics of stochastic medium [C]. Proc. of 3th Conf. Theo. Appl. Mech. Bongalore. India, 1957.

[16] John M, Strappler G. Design and installation of tube umbrellas in soft ground tunneling [A]. Progress in Tunneling after 2000, 2001: 253-260.

[17] 张成平, 王梦恕, 张顶立, 李倩情. 城市隧道施工诱发地面塌陷的预测模型 [J]. 中国铁道科学, 2012, 33 (04): 31-37.

[18] Yang Junsheng, Liu Baochen. Prediction of ground surface settlement due to tunneling in urban areas [A]. 安全与环境学报杂志社. Proceedings of the Second International Symposium on Safety Science and Technology (2000 ISSST) Part A [C]. 安全与环境学报杂志社, 2000 (8).

[19] 刘宝深, 廖国华. 煤矿地表移动的基本规律 [M]. 北京: 中国工业出版社, 1965.

[20] Tonon F, Amadei B. Effect of elastic anisotropy of tunnel wall displacements behind a tunnel face [J]. Interactional Journal of Rock Mechanic and Rock Engineering, 2002, 35 (3): 141-160.

[21] K. Vanhoenacker, J. Schoukens, P. Guillaume, S. Vanlanduit. The use of multisine excitations to characterise damage in structures [J]. Mechanical Systems and Signal Processing, 2004, 18 (1).

[22] Passaris E K S, Ran J Q and Mottahed P. Stability of the jointed roof in Stratified rock [J]. Internatinal Journal of Rock Mechanics and Mining Science & Geomechanics Abstracts, 1993, 30 (7): 857-860.

[23] 刘洪洲, 孙钧. 软土隧道盾构推进中地面沉降影响因素的数值法研究 [J]. 现代隧道技术, 2001, 38 (6): 24-28.

[24] 申玉生, 高波. 大跨度铁路车站隧道施工过程弹塑性有限元数值分析 [J]. 铁道标准设计, 2007: 45-47.

[25] 吴波, 高波索, 晓明. 地铁隧道开挖与失水引起地表沉降的数值分析 [J]. 中国铁道科学, 2004, 25 (4): 59-63.

[26] 施建勇, 张静, 佘才高, 等. 隧道施工引起土体变形的半解析分析 [J]. 河海大学学报, 2002, 30 (6): 48-51.

[27] 孙钧, 刘红洲. 上海地铁交叠盾构隧道施工变形问题 [J]. 同济大学学报, 2002, 30 (4): 379-385.

[28] 张冬梅, 黄宏伟, 王箭明. 盾构推进引起地面沉降的粘弹性分析 [J]. 岩土力学, 2001, 22 (3): 311-314.

[29] 安红刚, 冯夏庭. 大型洞室群稳定性与优化的进化有限元方法研究 [J]. 岩土力学, 2001, 22 (4): 373-379.

[30] Vermeer P A, Bonnier P G. Pile settlements due to tunneling [C]. Proceedings of the International Conference on Soil Mechanics and Foundation Engineering. v2. Deformation of Soil and Displacements of Structures X ECSMFE. Rotterdam: Balkema, 1991: 869-872.

[31] Poulos H G, Chen L T. Pile response due to unsupported excavation-induced lateral soil movement [J]. Canadian Geotechnical Journal, 1996, 33 (4): 670-677.

[32] Poulos H G, Chen L T. Pile response due to excavation-induced lateral soil movement [J]. Journal of Geotechnical and Geoenvironmental Engineering, 1997, 123 (2): 95-99.

[33] Chen L T, Poulos H G. Effects of tunnelling on piled foundations Yuan [C]. Computer Methods and Advances in Geomechanics. Rotterdam: Balkema, 1997: 2183-2188.

[34] Chen L T, Poulos H G, Loganathan N. Pile responses caused by tunneling [J]. Journal of Geotechnical and Geoenvironmental Engineering, 2000, 126 (6): 580-581.

[35] Loganathan N, Poulos H G. Tunnelling induced ground deformations and their effects on adjacent piles [A]. Tenth Australian Tunnelling Conference 1999, Melbourne: Vic, 1999 (3): 21-24.

[36] Mroueh H, Shahrour I. Three-dimensional finite element analysis of the interaction between tunneling and pile foundations [J]. International Journal for Numerical and Analytical Methods in Geomechanics, 2002, 26 (3): 217-230.

[37] Cheng C Y, Dasari G R, Leung C F, et al. 3D numerical study of tunnel-soil-pile interaction [J]. Tunnelling and Underground Space Technology, 2004 (19): 381-382.

[38] 李永盛, 黄海鹰. 盾构推进对相邻桩体力学影响的实用计算方法 [J]. 同济大学学报, 1997, 25 (3): 274-280.

[39] 关宝树. 隧道工程施工要点集 [M]. 北京: 人民交通出版社, 2003.

[40] 王占生. 盾构近距穿越柱基的研究 [D]. 北京: 北京交通大学, 2003.

[41] 孙宗军. 盾构施工与桩基础相互作用的三维力学分析与研究 [D]. 南京: 东南大学, 2004.

[42] 李强, 王明年, 李德才, 等. 地铁车站暗挖隧道施工对既有桩基的影响 [J]. 岩石力学与工程学报, 2006, 25 (1): 184-190.

[43] 吴贤国, 王彦红, 缪翔, 王纯亮, 杨琼鹏, 张立茂. 地铁盾构施工诱发地表沉降关键影响因素分析 [J]. 土木建筑与环境工程, 2015, 37 (02): 8-15.

[44] 吴波, 刘维宁, 索晓明, 等. 城市地铁转弯段施工对近邻桥基的影响研究 [J]. 探矿工程, 2006, 33 (2): 57-62.

[45] 吴波, 刘维宁, 索晓明, 等. 地铁施工近邻桥基加固效果三维数值分析 [J]. 铁道工程学报, 2005, 89 (5): 48-52.

[46] Morton J D, King K H. Effects of tunnelling on the bearing capacity and settlement of piled foundations [A]. Jones M J. Tunnelling'79. England: Stephen Austin/Hertford, 1979: 57-68.

[47] Yashima A, Shibata T, Sekiquchi H, et al. Soil movements associated with tunneling and their effects on an adjacent pile foundation [A]. Bulletin of the Disaster Prevention Research Institute. Kyoto University, 1985, 35 (4): 115-135.

[48] Bezuijen A, Van der Schrier J. The influence of a bored tunnel on piled foundations [A]. Leung, Lee, Tan. Proceedings 1994 international conference centrifuge. Rotterdam: Balkema, 1994: 681-686.

[49] Loganathan N, Poulos H G, Stewart D P. Centrifuge model testing of tunneling-induced ground and pile deformations [J]. Geotechnique, 2000, 50 (3): 283-294.

[50] Jacobsz S W, Standing J R, Mair R J, et al. The effects of tunnelling near driven piles in sand [A]. Geotechnical Engineering in Soft Ground. Regional Conference on Geotechnical

[51] Jacobsz S W. Tunnelling effects on piled foundations [J]. Tunnels and Tunnelling International, 2003, 35 (6): 28-31.

[52] Lee C J, Kao C M, Chiang K H. Pile response due to nearby tunneling. BGA International Conference on Foundations [M]. Innovations, Observations, Design and Practice, London. Thomas Telford, 2003: 483-492.

[53] Teunissen E A H, Hutteman M. Pile and surface settlements at foil scale tests North/South metro line Amsterdam [A]. Negro Jr, Ferreira. Tunnels and Metropolises. Rotterdam. Balkema, 1998: 981-986.

[54] Coutts D R, Wang J. Monitoring of reinforced concrete piles under horizontal and vertical loads due to tunneling [A]. Zhao, Shirlaw, Krishman. Tunnels and Underground Structures. Rotterdam. Balkema, 2000: 541-546.

[55] Selemetas D. Cooling prize paper: Pile settlement due to tunnelling in London clay. A case study [J]. Ground Engineering, 2004, 37 (6): 29-32.

[56] 刘晓苹, 顾强, 李坚. 上海漕溪路立交桥桩基受地铁盾构推进的影响研究 [J]. 上海市政工程, 1996, 39 (3): 9-17.

[57] 刘晓苹, 李坚. 桥梁桩基受地铁盾构掘进影响的研究与探讨 [J]. 上海公路, 1998 (3): 20-24.

[58] Skempton A W, MacDonald D H. Allowable settlement of buildings [J]. Proc. Institution of civil engineers, 1956, 13 (6): 19-32.

[59] Bjerrun L. Contribution to discussion. Session VI [C]. Proc. European Conf. On soil Mechanics and Foundation Engineering, Wiesbaden, 1963, 135-137.

[60] Burland J B. Assessment of risk of damage to buildings due to tunneling and excavation [A]. Proceeding of 1st International Conference on Earthquake geotechnical Engineering, Tokyo, 1995: 495-546.

[61] Breth H, Chambosse G. Settlement behavior of buildings above subway tunnels in Frankfurt clay [M]. Proc, Conf. on Settlement of Structures, Pentech Press, London, England, 1974: 329-336.

[62] Frischmann W W, Hellings J E, Gittoes Cs and Snowden C. Prediction of the Mansion House against damage causing by ground movements due to the Docklands Light Railway Extension [J]. Proc. Inst. Civil Engineering, 1994 (107): 65-76.

[63] Rankin, W J. Ground movements resulting from urban tunneling [M]. Predictions and effects. Engineering geology of underground movement. Geological Society, Engineering Geology special publication, 1988 (5): 79-92.

[64] Boscardin M D, Cording E J. Building response to excavation-induced settlement [J]. Geotech. Engrg, ASCE, 1989, 115 (1): 1-21.

[65] Mair R J, Taylor R N, Borland J B. Prediction of ground movements and assessment of risk building damage due to bored tunneling [A]. Proceedings Geotechnical Aspect of Underground Construction in soil Ground, Baikema: Rotterdam, 1996: 713-718.

[66] Storer J, Boone. Ground-movement-related Building Damage [J]. Journal of Geotechnical Engineering, ASCE, 1996, 122 (11): 886-896.

[67] G Liu. 2-Dimensinal Analysis of Settlement Damage to Masonry Buildings Caused by Tunneling [J]. The Structural Engineer, 2000, 79 (1): 19-26.

[68] Houlsby G T, Burd H J. Modeling Tunneling-Induced Settlement of Masonry Buildings [J]. Proc. Instn. Civ. Engrs. Geotecb. Engng, 2000, 14 (3): 17-29.

[69] Burd H J, Houlsby G T, Chow L. Analysis of Settlement Damage to Masonry Structures [A]. Proceedings of the 3rd European Conference on Numerical Methods in Geotechnical Engineering-Economic [C]. Manchester, 1994: 203-208.

[70] Augarde C E, Burd H J, Houlsby G T. A Three-Dimensional Finite Element Model of Tunneling. Proceedings of Numog V. Davos [C]. Switzerland, 1995: 457-462.

[71] Houlsby G T, Burd H J, Gugarde C E. Analysis of Tunnel-Induced Settlement Damage to Surface Structures. Proceedings of the 12th European Conference on Soil Mechanics and Foundation Engineering [C]. Amsterdam, 1999: 31-44.

[72] Moorak Son. Estimation of Building Damage Due to Excavation-Induced Ground Movements [J]. Journal of Geotechnical and Geoenvironmental Engineering, 2005 (2): 162-177.

[73] Hakmoon Kim. The Model Tests for the Damage Assessment of Brick Structures in Urban Tunnelling [J]. Tunnelling and Underground Space Technology, 2006 (21): 305-309.

[74] 张志强, 等. 深圳地铁隧道邻接桩基施工力学行为研究 [J]. 岩土工程学报, 2003, 25 (3): 204-207.

[75] 卿伟衷, 等. 地下隧道施工对相邻建（构）筑物及地表沉降的影响 [J]. 地下空间与工程学报, 2005, 1 (6): 960-963.

[76] 姜析良, 等. 天津地铁盾构施工对邻近工程设施影响的动态模拟 [J]. 天津大学学报, 2006, 39 (2): 188-193.

[77] 施成华, 等. 浅埋隧道开挖对地表建（构）筑物的影响 [J]. 岩石力学与工程学报, 2004, 23 (19): 3310-3316.

[78] 蒲武川, 等. 地下隧洞对地面沉降影响的数值分析 [J]. 地质与勘探, 2003, 39 (8): 145-148.

[79] Hong-jian Liao. Research on the Effect of Underground Tunnelling on the Settlement of the Building and the Ground Surfaces [A]. Safety in the Underground Space-Proceedings of the ITA-AITES 2006 World Tunnel Congress and 32nd ITA General Assembly, 2006 (21): 290-301.

[80] 李文江, 等. 铁路站场下暗挖隧道地表沉降控制基准研究 [J]. 岩土力学, 2005, 26 (7): 1165-1169.

[81] 吕勤. 北京城铁暗挖区间隧道穿越楼群关键施工技术 [J]. 中国安全科学学报, 2003, 13 (11): 45-47.

[82] 徐彦胜. 地铁车站风道穿越房区沉降控制技术 [J]. 铁道建筑技术, 2005 (2): 34-35.

[83] 赵玉良. 北京地铁5号线崇东区间渡线隧道穿越密集民房超前预加固地层施工方案探讨 [J]. 铁道标准设计, 2003 (12): 22-24.

[84] 范国文. 暗挖双连拱隧道穿越浅基础高层楼群区施工技术 [J]. 铁道工程学报, 2003

(3): 109-116.

[85] 中华人民共和国行业标准. 危险房屋鉴定标准 JGJ 125—2016 [S]. 北京：中国建筑工业出版社，2016.

[86] 中华人民共和国行业标准. 建筑物、水体、铁路及主要井巷煤柱留设与压煤开采规范 [S]. 煤炭工业出版社，2017.

[87] 北京市轨道交通建设管理有限公司，北京交通大学. 地铁工程施工对桥基、建筑和管线的影响及控制研究报告 [R]. 2007.

[88] Smith R J. Risk management for underground projects: Cost-saving techniques and practices for owners [J]. Tunnelling and Underground Space Technology, 1992, 7 (2): 109-117.

[89] Snel A, Van Hasselt D. Risk management in the Amsterdam North/South Metro line: a matter of process-communication instead of calculation [J]. Proceedings of the world tunnel congress, 1999: 179-186.

[90] Reilly J J. The management process for complex underground and tunneling projects [J]. Tunnelling and Underground Space Technology, 2000, 15 (1): 31-44.

[91] Cho H, Choi H, Kim Y. A risk assessment methodology for incorporating uncertainties using fuzzy concepts [J]. Reliability Engineering & System Safety, 2002, 78 (2): 173-183.

[92] Choi H, Cho H, Seo J W. Risk assessment methodology for underground construction projects [J]. Journal of Construction Engineering and Management, 2004, 130 (2): 258-272.

[93] Gordon T Clark. Addressing risk in Seattle's underground [J]. PB Network, 2002 (1): 33-37.

[94] Eskesen S D, Tengborg P, Kampmann J, et al. Guidelines for tunnelling risk management: International Tunnelling Association, Working Group No. 2 [J]. Tunnelling and Underground Space Technology, 2004, 19 (3): 217-237.

[95] Turnbaugh L. Risk management on large capital projects [J]. Journal of Professional Issues in Engineering Education and Practice, 2005, 131 (4): 275-280.

[96] Brush D. Qualitative Assessment of Risk on Large Projects [J]. Journal of Professional Issues in Engineering Education and Practice, 2005, 131 (4): 281-283.

[97] Holick Y M, V S Ajtar L. Probabilistic Risk Assessment and Optimization of Road Tunnels, Advances in Safety and Reliability, ESREL 2006 [C]. Taylor & Francis Group, London, 2006: 2065-2071.

[98] 宋明哲. 风险管理 [M]. 台北：中华企业管理发展中心出版社，1984.

[99] 黄宏伟. 隧道及地下工程建设中的风险管理研究进展 [J]. 地下空间与工程学报，2006 (01): 13-20.

[100] 白峰青，卢兰萍，姜兴阁. 地下工程的可靠性与风险决策 [J]. 辽宁工程技术大学学报（自然科学版），2000 (03): 237-239.

[101] 毛儒. 隧道工程风险评估 [J]. 隧道建设，2003 (02): 1-3.

[102] 黄宏伟，陈桂香. 风险管理在降低地铁造价中的作用 [J]. 现代隧道技术，2003 (05): 1-6.

[103] 陈桂香，黄宏伟，尤建新. 对地铁项目全寿命周期风险管理的研究 [J]. 地下空间与工程学报，2006 (01): 47-51.

[104] 周红波，何锡兴，蒋建军，等. 地铁盾构法隧道工程建设风险识别与应对 [J]. 地下空

间与工程学报，2006（03）：475-479.

[105] 严长征，张庆贺，廖少明，等.地铁盾构进出工作井的施工风险 [J].城市轨道交通研究，2007（10）：34-36.

[106] 孙明，高兴.地铁车站建筑工程中的风险及其防范措施 [J].铁道工程学报，2007（10）：97-100.

[107] 黄宏伟，叶永峰，胡群芳.地铁运营安全风险管理现状分析 [J].中国安全科学学报，2008（07）：55-62.

[108] 朱胜利，王文斌，刘维宁，等.地铁工程施工的风险管理 [J].都市快轨交通，2008（01）：56-60.

[109] 刘翔，罗俊国，王玉梅.地铁深基坑工程风险管理研究 [J].施工技术，2008（07）：89-91.

[110] 王晶，谭跃虎，王鹏飞，等.地铁隧道施工过程中风险分析与控制 [J].解放军理工大学学报（自然科学版），2009（04）：379-383.

[111] 王晶，王鹏飞，谭跃虎.地铁隧道工程施工过程中风险管理研究 [J].地下空间与工程学报，2009（02）：385-389.

[112] 马培贤，郭红梅.北京地铁建设中的地质风险因素及相应勘察措施 [J].西部探矿工程，2009（01）：170-172.

[113] 娄学军.北京地铁呼家楼站重大风险点分析与监控 [J].建筑安全，2010（06）：39-41.

[114] 成高勇，沈正，高春宁.固化粉煤灰在道路工程中的应用 [J].公路工程，2010（06）：115-117.

[115] 潘科，王洪德，石剑云.多级可拓评价方法在地铁运营安全评价中的应用 [J].铁道学报，2011（05）：14-19.

[116] 余宏亮，丁烈云，余明晖.地铁工程施工安全风险识别规则 [J].土木工程与管理学报，2011（02）：77-81.

[117] 丁振明，廖秋林，李从昀.地铁工程土压平衡盾构施工风险分析 [J].施工技术，2012（24）：64-67.

[118] 韩煊，刘赪炜，Jamie Rstanding.隧道下穿既有线的案例分析与沉降分析方法 [J].土木工程学报，2012（01）：134-141.

[119] 赵庆武.基于施工总承包模式下的地铁风险管理研究 [J].铁道工程学报.2013（07）：100-105.

[120] 罗春贺，宋永发.基于物联网技术的地铁安全监控研究 [J].工程管理学报，2013（02）：35-39.

[121] O'Reilly, Myles, New, Barry. Settlements above tunnels in the United Kingdom-their magnitude and prediction [J]. Tunnels & Tunnelling International, 2015.

[122] Mair R. J, Taylor, R. N, Bracegirdle, A. Subsurface settlement profiles above tunnels in clays [J]. Geotechnique, 1993, 43 (2): 315-320.

[123] Attewell P B, Yeates J, Selby A R. Soil movements induced by tunneling and their effects on pipelines and structures [M]. Blackie, Glasgow, 1986.

[124] 章荣军，郑俊杰，丁烈云，吴贤国.基坑降水开挖对邻近群桩的影响及控制对策 [J].华中科技大学学报（自然科学版），2011，39（07）：113-117.

[125] 李小青，朱传成.盾构隧道施工地表沉降数值分析研究 [J].公路交通科技，2007.24 (6)：86-91.

[126] Grima, M. Hergarden, I. M. Giezen, M. Verhoef, P. N. W. Towards the prediction of rock excavation machine performance [J]. Bulletin of Engineering Geology and the Environment, 1996, 57 (1)：3-15.

[127] 周正宇.地铁邻近既有桥梁施工影响分析及主动防护研究 [D].北京交通大学，2012.

[128] 李楠.公路隧道施工过程的数值仿真分析 [D].华中科技大学，2008.

[129] 刘惠涛.某地铁工程施工建筑物变形分析与控制研究 [D].华中科技大学，2016.

[130] 张立茂.基于不确定性理论和贝叶斯网络的地铁隧道施工环境变形安全实时预警控制研究 [D].华中科技大学，2016.